社員が辞めない

福祉法人の経営術

人手不足の悩みを解消する
笹谷流社員活用術

笹谷寛道 著

セルバ出版

はじめに　「人材不足」は解決できる問題です！

集まれば会社の悪口しか言わなかった社員

人材不足が叫ばれる昨今、「募集しても人が来ない！」と同じくらい「優秀な人材が集まらない！」という声もよく聞きます。その他にも「なんでもっと仕事ができるようにならないんだ」「いつまでたっても手が掛かる…」「全く仕事を任せることができない‼」「最近の若者は何を考えているのか？」「今と違って昔はよかった…」等々。

どうですか、ここに挙げた台詞は、1つくらい覚えがありませんか？　かくいう私も、今から7年前まではこのセリフをものの見事にすべて網羅していました。「うちの社員は全く使えない！」と外部の方に堂々と言ってしまったこともあります。

実際、当時の現場はひどい有様でした。専門職なのに勉強が大嫌い、上司の指示も気に食わない、会社の方針なんて考えたこともない。とどめは、自分の会社の「正式名称」も言えない！　社員が2人以上集まれば会社と上司の悪口に花を咲かせ、新人が入ってくれば「こんな会社早く辞めたほうがいいぞ」と脅す。

私も社員もお互いがお互いを軽蔑し、ののしりあい、馬鹿にしていました。ピーク時には、会社の本棚に私が購入した「社員を上手にクビにする方法」という本と、社員が購入した「会社を訴えたいときに読む本」が並べておいてあるほどでした。

経営者が変われば社員が変わる!

そんな最悪な職場環境の中で、私はある言葉と出会いました。それは、

「バカな社員を育てたあなた（経営者）がバカ」

という言葉です。私の価値観が180度変わった瞬間でした。私は経営者になってから、正直に言えば天狗になっていました。24歳で会社を立ち上げ、紆余曲折はあったにせよ事業自体はうまくいっていた。収入も安定し、肩書も立派。周囲からは「成功者」とちやほやされる。

普通であれば、20代中盤は少しずつ仕事に慣れ、安い給料で朝早くから夜遅くまで働き、上司の顔色を窺って、それでも叱られ、歯を食いしばって頑張っている年代です。

私は、自分を取り巻く環境に勝手に酔いしれ、会社も社員もまるで「経営者の所有物」の如く考えていた。

さらに、自分自身は多くの人の助けがあってここまで来たのに、それを忘れ、社員には「会社がいちいち助けなくても、自分で勝手に成長するだろう。なぜなら社会人（大人）なんだから」とか「給料を貰って働いているのだから、もう少し責任感を持って当然だ」と社員の「自主性」をどこまでも求めていました。

しかし、先の言葉ですべての原因は私（経営者）にあるのだと悟った。この言葉には続きがあり

ます。

「社員の誕生日も、趣味も、好きな食べ物1つも知らないくせに、勝手に愛社精神を発揮し、ぐんぐん成長してくれると思っているのは経営者の傲慢以外の何物でもない」

私は、この業界に入り最初に先輩から教えられたことは、お客様に関心を持つということです。お客様のことを何1つ知らないのに、信頼していただくことはできない。お客様を知ろう・知りたいという想いが「アセスメント」という仕事になり、そのアセスメントを通してラポールを形成していく。

しかし、なぜか部下に対してはこの過程を飛ばそうとする経営者（上司）は多い。自分の誕生日に「誕生日おめでとう」の一言もない上司や、たまに食事に誘われれば自分の好きなところにしか連れて行かない上司と、自分の誕生日をちゃんと覚えていてくれる上司や、部下の好みを聞いて、行き先を決めてくれる上司とどちらについて行きたいと思いますか？　当然後者ですよね。顔を見れば小難しい仕事の話か、説教しかしない上司と、自分の趣味に合わせて話を聞いてくれる上司とどちらが話しやすいですか？

社員に関心を持つ＝社員のプライベートに徹底的に踏み込む

私は社員の誕生日だけでなく、社員の家族の誕生日まで把握しています。毎月社員の誕生日会も私が主催で開催しますし、育児や介護の悩みなども積極的に聞きます（当事者を集めてお茶会などを実施します）。

忘年会では3時間かけて全社員の「頑張ったこと」や「来年の目標」を1人ずつひたすら聞き、頭を下げて感謝の気持ちを伝えます。

年賀状は全社員手書きです。週に2、3回はスケジュールを決めて部下と食事会もします。だから全社員の趣味だけでなく、今困っていることや、将来やりたいこともほとんど把握しています。正社員だけでも90名以上いるにも関わらずです。だからこそ、年賀状の裏面にびっしり手書きでメッセージを書くときも、「書くことが思いつかない」ということは一切ありません。すらすらと書けてしまいます。

私が部下のことを「知ろう・知りたい」とあらゆる手を尽くすので、部下も積極的に教えてくれます。私は、部下のことを知るために費やす時間と手間とお金を惜しみません。だからこそ彼らも、関心を持ってくれる会社のために・上司のために「もっと頑張ろう」と常に前向きになり、結果的に大きく成長してくれるのです。

社員教育の基本は「手間を惜しまない」ことです。是非、本書を読むことで自社の「人手不足」「人材不足」を少しでも解消できる助力になればと願っています。

平成30年6月

笹谷　寛道

社員が辞めない福祉法人の経営術
―人手不足の悩みを解消する笹谷流社員活用術　目次

第2章　上司の指示を守らない部下への処方箋

第3章 不満ばかりの社員への処方箋

第4章　遊んで社員を育てる

第5章　幹部社員を教育する

第6章　新卒採用のすすめ

第1章　今日からつくる組織は「超トップダウン」が正しい

1　組織は利益を出すことより生き残ることが最優先

私が「NPO法人」を設立して、一番多く受けた質問が「NPO法人は利益を出してはいけないのですか？」です。そこで、私は必ずこう返します。「利益を出さなければ、どうやって社員とその家族を守るのですか？」。

そもそも、世の中の多くの人（経営者すら）「会社とは利益を追求する」ことが目的だと信じて疑いません。しかし、それは大きな間違いです。

正解は「お客様や社員、その家族の幸せを守る」ことが目的です。そのために必要な手段が「利益を出すこと」です。手段と目的を間違えてはいけません。利益の追求は手段であり、それが目的になってはダメです。

では、「お客様や社員、その家族を守る」ために最も重要なことは何でしょうか。それは、「会社を潰さない」ということです。

これは考えてみれば当然です。会社が潰れれば、サービスを受けているお客様はもちろん、社員やその家族も路頭に迷うことになります。例え何と言われようと、経営者は会社を潰さないために利益を出し続けなければいけません。

2　福祉業界で「利益」は禁止ワード？

ところが、福祉の業界で「利益」という単語を出そうものなら、途端に白い目で見られます。「福祉」というワードと「利益」というワードは決して一緒に語ってはいけない空気があるのです。

しかし、これはおかしな話です。例えば、近年業界内では「福祉職員の処遇を改善すべき」とよく言われます。要するに、福祉職員は給料が安いから、もっと待遇を良くしていかなければいけない、ということです。では、給料はどこから出るのですか？　もちろん、「売上」からです。では、その給料をもっと多く払うためには、どうすればよいですか？　「利益」を出すしかないですよね。私がバウムの社員に「数字を出しなさい」「売上を意識しなさい」と口うるさく言うのは、このためです。

しかし、社員は考えます。「どうせ売上を上げたって、得をするのは経営者や幹部だけで、自分達の給料は大して変わらないではないか」と。

そこで、バウムでは前年よりも粗利益、営業利益が10円以上上がれば、その成長率に応じて、昇給額と賞与の支給額が大幅に変わる仕組みを取り入れています。この仕組みをしっかり全社員が理解できるように、半期に1回「給与体系勉強会」を実施しています。

こういう仕組みと教育があるからこそ、バウムはパート・アルバイトに至るまで全社員が数字を

【図表１　売上グラフ】

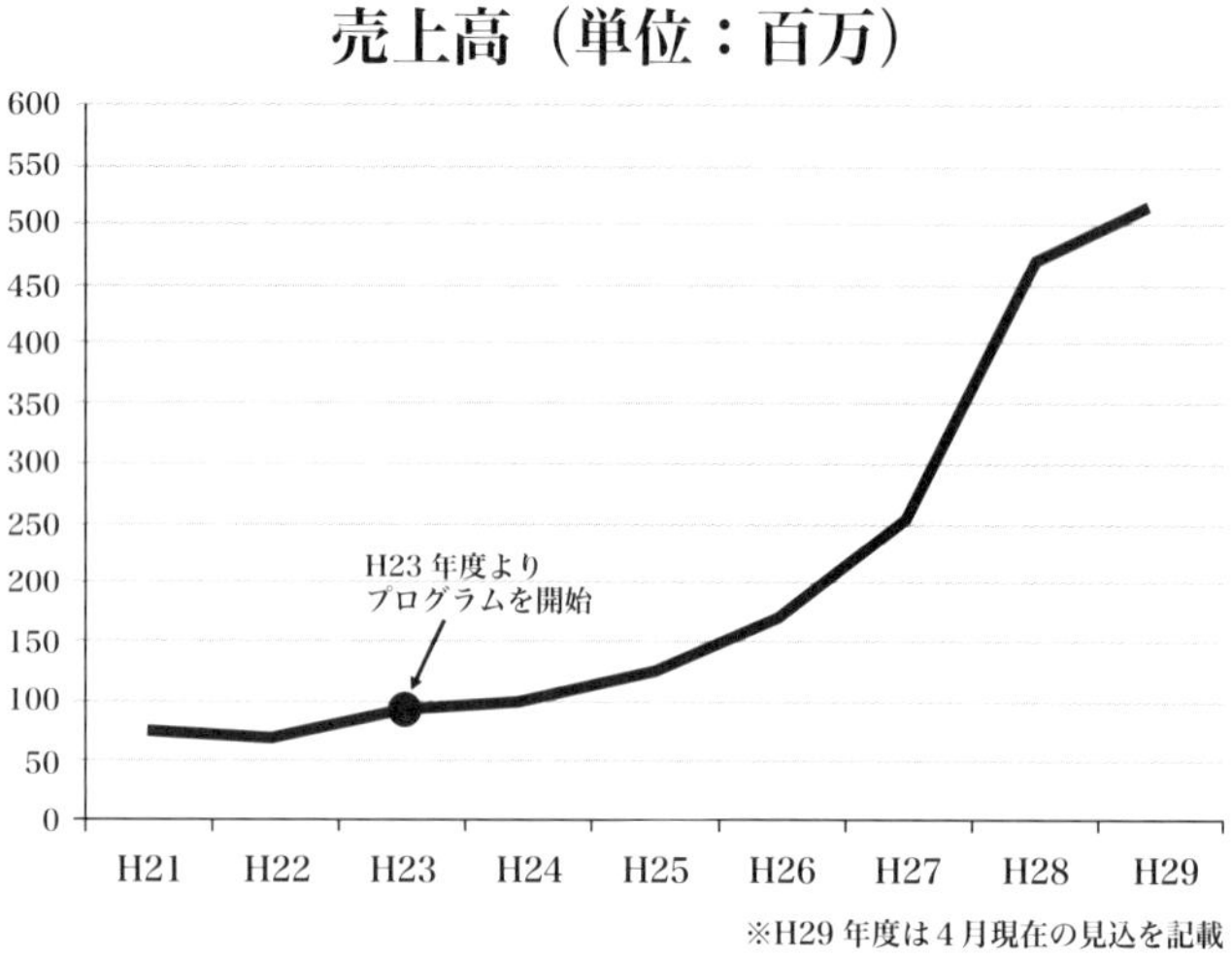

H23 年度より人材教育を開始

「質より量」のプログラムで右肩上がりを実現している。

意識して、仕事をできるのです。何の教育も受けず、ただ「数字を上げろ」「売上に貢献しろ」と言われても、社員はまるで会社の「道具」のような気持ちになり、素直に頑張ることができません。まして、「数字を上げろ」とすら言われない会社の社員はもっと不幸です。

ノルマや成績を気にしなくて済むのだから、良い会社ではないかと思われるでしょう。

では、もう一度考えてみてください。あなたの部下が今日と同じように仕事をこなして、やがて1年が過ぎます。「同じ」ように仕事をしたのだから、結果も「現状維持」です。つまり、売上も変わりません。同じように仕事をしたのだから、経費も変わりません。

しかし、同じ仕事をしていても唯一変わるものがあります。それは、「人件費」です。社員の給料は、毎年安定的に上がっていきます。売上も経費も変わらないが、人件費だけは上がっていく。するとどうなりますか？　当然、利益はどんどん減り、近く赤字になり、めでたく倒産です。だからこそ会社は利益を出し続けなければいけないのですが、それを社員に要求しないということは、「現状維持でよい」と経営者が決定したということです。

売上が上がらないとすると、社員の給料が上がる方法は1つしかありません。「誰かが辞めて、その分の人件費を残った社員に振り分ける」。売上が上がらない以上、社員の給料がこれ以上上がるためには、誰かが辞めるのを期待するしかない。しかも、なるべく古株の高給取りが辞めてくれるのが一番都合がよい。

どうですか？　こんな寂しいことはありませんよね。だから、利益を追求しなければいけないのです。

3　利益を追求することはお客様をないがしろにすること

しかし、ここまで説明してもまだ言われます。「利益を追求すると、お客様をないがしろにしてしまう。福祉では絶対にやってはいけないことだ」と。そういう人こそ、お客様を馬鹿にしています。

【図表２　生き残るための条件】

会社を潰さない絶対不可欠なこと

利益

↓

サービスの質の向上（お客様満足）

↓

職場環境（従業員満足）

つまり、職場環境を整えなければ、サービスの質は向上せず、サービスの質が向上していかなければ、利益が出ない。

あなたは、「利益最優先」だからと言って、インスタントラーメンを出すラーメン屋に通いますか？

通いませんよね。利益を追求するということは、お客様の満足度を如何に高めるか、すなわち「質の高いサービス」を如何に提供できるか、です。

売上を上げるためには、沢山のお客様にサービスを提供しなければいけない。沢山のお客様にサービスを提供するためには、お客様に選ばれるようなサービスでなければいけない。お客様に選ばれるためには、より質の高いサービスでなければいけない。では、どのようにすれば、質の高いサービスが提供できるのか？　それは、社員1人ひとりがやりがいを持ち、公私共に充実した環境の中で、高いモチベーションを維持し続けることです。

では、モチベーションを高く維持するためには、どのような職場環境が必要か？　利益を追求するとは、こういうことです。そうして、職場環境が「改善され」、モチベーションが上がった社員によって、サービスの質が「改善され」、質の高いサービスを提供されたお客様の満足度が「改善され」、満足度の上がったお客様が集まることによって売上が「改善され」、売上が向上することによって社員の待遇が「改善される」。

ここまで教えてくれる会社の社員は幸せです。なぜ昨日よりも今日、今日よりも明日、頑張らなければいけないのかが理解できるからです。そして、実現した先に、自分と家族の幸せがしっかり見えてくる。見えてくるからこそ、この会社でずっと働こうと思える。

福祉職員だから数字を意識しなくてよい、という考えは経営者の怠慢です。まして、経営者自身が「福祉」と「利益」を一緒に語れないようでは、社員の待遇がこれ以上良くなることはないでしょう。

4　生き残るための始めの一歩

では、生き残るために、何から始めればよいのか？　この答えは、間違いなく「人手不足」の解消でしょう。人手不足が解消され、人的余裕ができれば教育に時間を掛けることができます。教育に時間を掛けることができれば、当然サービスの質も向上し、お客様満足も上がり、結果売上も上がります。

実際、多くの経営者や幹部の皆さんはこの人手不足という問題に直面し、解決策を模索しています。しかし、よくよく話を聞いてみると、皆さんがいう「人手不足」には2つの意味があることがわかります。

①募集しても人が来ない

②人が定着しない

この2つを一緒にして「人手不足」という言葉にしています。しかし、これは大きな間違いです。なぜなら、「人が来ない」ことと「人が定着しない」ことは、全くノウハウが違うから。全くノウハウが違うのに、「人手不足」という一言でまとめるから、何から始めて、どうすればよいのかが、全くわからなくなるのです。

5　採用活動よりも教育が優先

では、「募集しても人が来ない」ことと、「人が定着しない」ことは、どちらから対処すればよいのでしょう。こう質問すると、多くの経営者は前者から先に対処すべき、と考えます。理屈はこうです。「募集しても人が来ない」→「慢性的な人手不足」→「職場環境が悪化」→「人が辞める（定着しない）」つまり、「沢山の人を採用できる」→「人手に余裕ができる」→「職場の空気もよくなる」→「人が辞めない（定着する）」という図式を期待しているのです。どうですか？

一見すると、これは正しく見えます。だから、ほとんどの経営者は人手不足を解消するために、最初に行うことは「募集（採用活動）」なのです。

しかし、これには大きな問題が2つあります。そもそも採用活動とは、人手不足の組織で忙しい隙間時間を縫って、片手間でできるほど甘くはない、ということ。これが大きな問題の1つ目。

もちろん、中途採用の募集サイト運営会社にお金を支払えば、担当の方がそれは親切にインタビューをし、魅力的な写真を撮影して、難なく募集を開始できます。しかし、（新卒も含めて）最近の若い人は募集サイトだけを見て、応募することはまずあり得ません。採用活動用のHPや、Twitter・Facebook・インスタ等のSNSも当然のようにチェックします。採用活動用HPがないだけで、そもそも彼らの就職候補にも入りません。

しかし、サイトやSNSの運営は中途半端な労力ではできません。外注しようとすれば、それなりにお金もかかります。採用活動の成否は、なんと言っても「発信力」です。お金を掛けられないならば、労力をかけるしかない。しかし、人手が不足している中で、現場に出ずにPCにかじりつける社員を配置するのは至難の業です。

さらに、そもそも人が辞める（定着しない）文化が根づいている組織では、職探しをしている若者に発信できる「材料」がない、これが2つ目の大きな問題です。

売り手市場と言われるこの時代において、若者はどのような基準で就職先を探すのでしょうか？

例えば、「残業なし」「有給が取得しやすい」は今や当然です。それに加えて、「社内の教育制度の充実」「堅実なキャリアプランがあるか」、そして今若者の最大の関心は、「人間関係（職場内の雰囲気）

【図表3　経営計画書】

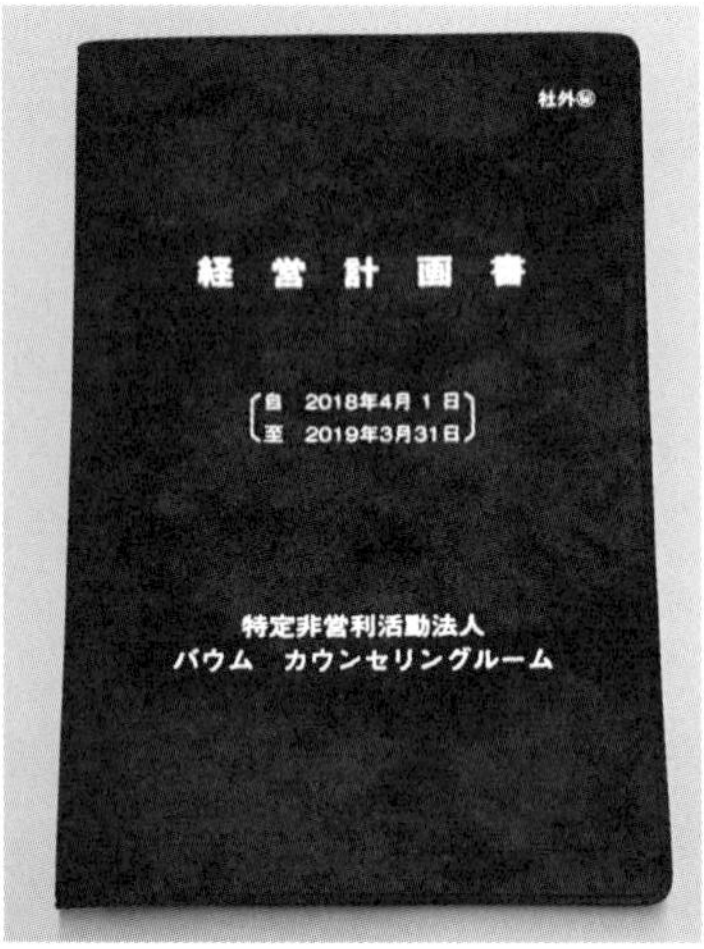

がよいか」です。どうですか？　どれをとっても人手不足の組織には難しいことばかりです。

以上の理由から、必然的に「人手不足」の問題に取り組むには、まずは「人が辞めない（定着率のよい）組織づくり」からだということがわかります。つまり、

「人が辞めない（定着する）」→「職場の空気も良くなる」→「（職員の心に）余裕が生まれる」→「沢山の人が採用できる」ということです。人が定着しない文化が根づいている組織に、どれだけ沢山の社員が入社したとしても、やはり定着はしません。人を採用すれば、「人手不足」という苦しみから逃れられると考えるのは、大きな間違いなのです。大切なことは、人が定着する文化（仕組み）をつくることなのです。

6　1冊の経営計画書が組織を救う

では、人が定着する文化（仕組み）はどのようにつくるのでしょうか？　それには、まず経営者の価値観や方針を1冊の「手帳型経営計画書」にまとめ、明文化して、社員に配布することです。

しかし、ただ配るだけでは社員は読んでくれません。

そこで、1年に一度銀行の支店長をお招きした「経営計画発表会」を開催し、社員の前で解説を行う。さらに、毎日朝礼時に読み合わせをし、毎週行われる方針勉強会で価値観の共有をします。人が定着する文化（仕組み）とは、経営者の方針や価値観を、いかに現場社員の1人ひとりにまで浸透させるか、です。この文化が根づけば、組織の定着率は飛躍的に上がり、職場の空気もよくなり、採用活動にも結果が出てくるはずです。

7　責任を取れるのは経営者のみ

経営計画書は、経営者の姿勢を書くものであって、社員の姿勢を書くものではありません。経営者の「ああしたい」「こうしたい」という内容を書くのであって、社員に対して「ああしろ」「こうしろ」という内容を書いてはいけないのです。その中でも、特に重要なものが「責任の所在を明確にしておく」ということです。

バウムの経営計画書には「クレーム発生の責任は一切追究しない。発生の責任は理事長にある」と明記してあります。

そして、社員の勉強会でも「責任を取る」＝「経済的に損をすることである」と教えています。

例えば、社員が車を運転していて、事故を起こしてしまいました。原因は社員の前方不注意。相

【図表4　クレームに関する方針写真】

クレームに関する方針

1. 基　本

(1) 全ての業務に最優先とする。

(2) クレーム発生の責任は一切追及しない。発生の責任は理事長にある。お客様の目から見た業務改善点の指摘です。本来は全て理事長が受けるべきであるが、理事長一人で受けきれないので理事長に代わって対処する。

(3) クレームの80%は、報告が少ない事に起因する。

2. 発　生

(1) 現場からその事実だけを直ちに上司に報告する。事を大きくする。報告・連絡を怠った時は、1回で賞与を半額にし、上司・当事者が掛かった費用を負担する。

3. 対　処

(1) 外部のお客様からのクレーム

① 第一報を受けた職員がその場で上司に報告をする。

② 当日中に報告書をサイボウズで提出する。

③ 報告を受けた上司はお客様と部長に対し、10分以内に第一報を入れる。さらに当日中に必ずお客様のもとを訪れる。

(2) ご利用者様からのクレーム

－28－

① 第一報を受けた職員がその場ですぐに対応する。

② 当日中に報告書をサイボウズで提出する。

③ 第一報を受けた職員が対応できない場合は、その場で上司に報告する。

4. 解　決

(1) お客様から『もう良い』と言われ時に、『解決した』と判断する。

(2) 理事長が損失の決裁をする。

5. 再発防止

(1) 解決して、人が成長する。

(2) 当事者と上司がお詫びと事実確認に行く。お客様の前に顔を出す事が大事です。対策は後で良い。対応は、一人では絶対に行わない。

－29－

※H30年度経営計画書より抜粋

手の車に傷を付けたのに、「すみませんでした」では終わらないですよね。正しい対応は、もちろん「修理費を負担する」です。これが責任を取るということです。そして、バウムでは責任の所在はすべて理事長1人にあると明記しています。よく経営者は「うちの社員は使えない」「伝えたいことが伝わらない」「積極性がない」「責任感がない」等と言いますが、そういう社員を採用すると「決定した」のも、お金や人手が足りないからと、そういう社員の教育を後回しにすると「決定した」のも、すべては経営者自身です。であれば、そういう社員が起こした失敗は責めるべきことではありません。再三言いますが、組織におけるすべてのことは、経営者が責任を取るべきです。

8　無理を承知でお願いをする

すべての責任は経営者にある。では、社員の責任とは何でしょうか。それは、「実施責任」です。組織とは、経営者が決定し、社員がそれを実施する。結局はこの形が一番シンプルであり、正しい姿です。経営者が決定しなければ、会社はお客様や時代からすぐに置き去りにされます。また、経営者が決定したことを社員が実施しなければ、あっという間に会社は傾きます。

バウムの経営計画書に、「経営計画発表会にあたって」というページがあります。その文の最後に、毎年必ず書き続けている文章があります。それは、次のような内容です。

「ここに書かれた目標、方針は幹部が参加して、作成したものですが、最後の利益責任は理事長1人にあります。理事長の勤めは職員に、やりがいのある仕事ができる環境を整えることであり、その結果、成果が得られれば、職員皆さんのお手柄です。

したがって実行する主役である職員1人ひとりに実施責任を持っていただきます。（中略）

理事長が先頭に立って、汗をかいて働きます。無理を承知で、皆さんに協力をお願いいたします」

という内容です。

【図表５　経営計画発表会】

9　経営者の覚悟を示す

そもそも会社経営とは、利益追求を目的としているのではなく、「家族の期待と責任を一身に背負っている職員が、安定した生活を築くため、昨年の過ちを正し、お客様に愛され支持される法人を実現する」（経営計画書抜粋）ことを目的としています。安定した生活を築くためには、会社は成長し続けなければいけません。毎年毎年会社が成長し続ける、ということは相当な無理難題です。

しかし、それでも実現しなければいけない。つまり、「無理を承知で頑張る」とは、社員とその家族が幸せな生活を送ることができるように、「無理を承知で私（経営者）は頑張る」「社員の給料を上げ続けることができるように頑張る」という経営者としての覚悟なのです。

10　会社を成長させ続けるための条件とは

さて、「無理を承知で会社を成長させ続ける」姿勢を経営計画書に書き込みました。では、実際会社を成長させ続けるためにはどうすればよいでしょうか。答えは簡単、「利益を出すこと」です。

「そんなの当たり前ではないか」、と言われるかもしれません。では、利益を出すためにあなたは何をしていますか？　そもそも利益とは会社を維持するために必要なお金、すなわち「企業維持費」

です。そして、この維持費はもちろん「お客様が支払って」下さいます。であれば、当然利益を出すためには、お客様に満足していただけるサービスを提供しなければいけない。ここまではそれこそ「当たり前」のことです。問題はここから。

では、お客様に満足していただけるサービスを提供するためには、どうすればよいのか？　多くの経営者は従業員の「専門知識」や「経験」の蓄積、と答えるでしょう。実際、会社の研修のほとんどはこの専門知識を吸収するために時間を割いています。もちろん専門知識はとても大切なので、この取り組みを否定するわけではありません。しかし、本当に大切にすべきは「従業員満足」＝「働きやすい（楽しい）職場」です。

そもそも従業員が働きやすい環境で仕事をする（充実した日々を過ごす）から、目の前のお客様の幸せを考えることができる。毎日毎日心も体もすり減らし、涙を流しながら仕事をしていたら、他人の幸せなど考えられるわけがありません。どんな状況であろうと、プロとして自分のことよりお客様のことを考えろ！　というのは、ブラック企業の考え方です。彼女に振られた翌日に、お客様の笑顔を想像しろ、と言われても無理なのです。本来は「お客様満足」の前に「従業員満足」があるべきです。しかし、多くの経営者は「お客様満足」のことは一生懸命考え、お金を使い、手間暇をかけるのに、「従業員満足」に関しては、時間がない、お金がないと後回しにしてしまう。専門知識を吸収しようという前向きな心は、サービス残業が多く、有給がほとんど取れない職場からは生まれません。そして、従業員満足を向上させるためには、やはり人材教育が必須なのです。

11　経営者と価値観を合わせる作業が「社員教育」

そこで、経営計画書の出番です。中小企業の人材教育とは、「経営者と価値観を合わせる作業」に他なりません。

例えば、経営者（監督）が「うちはサッカーチームだ」と言っているのに、バットを持った選手がいたのでは意味がないのです。サッカーチームだという方針を経営者（監督）が掲げた以上、必要なのはサッカー選手です（大企業はサッカーチームも野球チームもバレーボールチームも持てるので、どんな選手が来ても大丈夫ですが、中小企業はそうはいきません）。

再三書いた通り、経営計画書には経営者の「姿勢」が書いてあります。「うちのチームは超攻撃型のチームだ」とか「守備に重点を置くチームだ」等々。例えば、守備を捨てて全員攻撃で勝ちに行くとなれば、選手は攻撃の練習を徹底的にすればよい訳です。つまり、今自分たちが何をすべきかが明確になる。ここが重要です。

会社の方針がわからないと、自分の価値観で現場は動きます。攻撃の練習をする選手や、守備の練習をする選手、基礎トレを繰り返す選手…。しかし、練習を見に来た経営者（監督）はきっとこう言います。攻撃の練習をしている選手には「君たちは優秀だ。これからも頑張りなさい」。そして、それ以外の練習をしている選手には「君たちは何をやっているのだ。私の指示に従いなさい！」。

そして、試合になれば経営者（監督）の指示は「守備を捨てて全員攻撃」。ところが、攻撃の練習をしていない選手は全く息が合わずチームワークはバラバラ。結果はもちろん大敗。そこでまた経営者（監督）は言います。「私の言うことを聞かないから、こうなるのだ。負けたのは君たちが悪い！」。

しかし、これは大きな間違いです。悪いのは、自分たちの価値観で仕事をする社員（選手）ではなく、会社（チーム）の価値観（方針）を示さない経営者（監督）です。「それくらい、示さなくても理解できて当然だろう。常識だ」という考えは、経営者のあなたの思い込みです。

12　価値観や常識は違って当然

価値観や常識はみんな違います。実際、同じ福祉法人の経営者でも、私の持っている価値観や常識（本書に書いてあること）と、あなたのそれとはまったく違っていますよね。そもそも組織とは、「自分1人ではできないことを、多くの人が集まって実現する」ためにあります。会社とは、生まれも育ちも全く異なる人々が、同じ価値観をもって目的を達成していく場所です。だからこそ、価値観がバラバラでは意味がないのです。

そして、その価値観は経営者に合わせなければいけません。なぜなら、責任を取るのは経営者だけだから。自らの価値観で動きたいのであれば、自らが責任を取る立場（経営者）になればよい。

自分の価値観は譲れないが、責任ある立場に立ちたくはない、という人は組織には必要ありません。

13　経営者の決定が迅速に実行される組織をつくる

経営計画書で価値観を統一するだけでは、経営はうまくいきません。大切なことは、経営者の指示がいかに迅速に実行されるか、です。経営者が「右へ」と言えば右を向き、「やっぱり左」と言えば左を向く。しかし、多くの会社ではこのようにうまくはいきません。

必ず社員の中には、「なぜ社長はこんな指示を出したのだろう？」「納得できない！」「意味がわからない…」等と言って、行動に移さない人がいます。

そもそもなぜ経営者の伝えたいことが、社員にはうまく伝わらないのでしょうか。それは、経営者と社員の間には天と地ほどのレベルの差があるからです。ようやく足し算引き算を覚えた小学生に、大学の物理の授業を聞かせても理解できないのと同じ。

例えば、バウムでもやはり私の指示に疑問や不満を持つ社員が少なからずいます。しかし、社員からはあまり見えないかもしれませんが、これでも私は経営者として10年以上のキャリアがあり、この福祉業界で売上・経常利益・社員数を十倍以上にしてきた実績があります。そんな私の考えを理解できるとしたら、その人は相当優秀な社員です。さっさと独立したほうがよい。理解できない経営者の考え方を邪推して、無駄な時間を過ごすより、まずは言われた通りに行動してみる。そして、その後に愚痴のような疑問ではなく、「何を学ぶことができるか」を考える。「行」が先で「考」が後。こういうことを経営者は社員に教えていかなければいけません。

14 「ひいき」は正しい！

経営者の皆さんが、人材教育を行う場合、一度に全社員を平等に教育することは物理的に難しいと思います。そういうときは、特定の社員（幹部が居れば幹部）に狙いを定める（ひいきをする）ことをおすすめします。しかし、ひいきと言うと何となくやってはいけないことのような感じがします。ひいきをすると他の社員から自分が嫌われてしまうのではないか？　と思うようです。

しかし、よく考えてみてください。我々のしている仕事は何ですか？　サービス業です。サービス業とは「お客様からひいき」にされて成立する仕事です。お客様からひいきにされる職業なのに、会社の経営者にすらひいきされないような社員では先が知れています。

私は、「ひいきは悪だ」と声高に叫ぶ社員にいつもこう説明しています。

「むしろ、皆さんは何を評価されれば、公平だと感じるのか？　まさかサービス業をしていて、お客様に見えない所で頑張っている姿を評価して欲しい、なんて考えていますか？　だとしたら、大きな勘違いです。お客様は、自分の目で見える、感じることでしか判断はしません。

例えば、自分がお客様の立場になってみればよい。ラーメン屋さんに入って、ラーメンを食べて、

「また来たい」と思うときの判断基準は何ですか？　ラーメンが美味しいかどうか、店内が綺麗かどうか、接客が良いかどうか、価格が安いかどうか、ですよね。間違っても店主が厨房の裏で早朝から深夜まで必死に働いている姿なんて、判断材料にはなりえません。どれ程働いていようが、どれほど一生懸命麺を打っていようが、不味ければそれで終わりです。それと同じです。

お客様にとっては、我々が見えない所で頑張っている「過程」等関係ないのです。お客様はあくまで「満足できるサービス」にお金を払うのであって、「社員の一生懸命な姿」に払うのではない。

結果がすべてなのだと、認めなくてはなりません。

お客様は「信頼できるから」「話を一生懸命聞いてくれるから」「優しいから」等の理由で評価をしてくださいます。

しかし、時には「格好良いから」「美人だから」という理由のときもあるでしょう。しかし、それもありです。だってそうでしょう。我々だって、お金を支払う側になれば、そういう理由で評価をするときもあるのだから。自分たちは良くて、評価される側になった途端に「それはダメ」「不公平」では筋が通りません。サービス業とはそういうものなのです」。

15 「ひいき」の基準とは

では、どういう社員（幹部）の行動を見て、ひいきをする社員（幹部）を選んでいくのでしょうか。

一番は、「経営者とコミュニケーション量が多い」社員（幹部）です。バウムでは、何よりもコミュニケーションの「量」を重視します。このように書くと、必ず「能力や知識ではないのですか？」と聞かれます。ですが、考えてみてください。経営者にとって幹部（になる社員）の存在は、「背中を預ける相棒」です。

経営者は銀行の借り入れやリース等の保証を個人でもしています。もし会社が潰れれば、個人資産で返済しなくてはいけません。だから経営者は絶対に会社を潰すわけにはいかない。しかし、社員教育をしっかりやっていこうと思うと、当然自分の力だけではどうにもならないことが沢山出てきます。

そこで、幹部という役職をつくり、各事業所を任せています。ある意味、経営者も幹部に自分の人生の一部を任せているようなものです。

だからこそ、よく知らない人間を管理職にし、共倒れ…、何てことはご免です。どうせ任せるならば、経営者自身がよく知る人のほうがよいに決まっています。だから、幹部を選ぶときに一番重視することが「コミュニケーション量」なのです。

16 「質」より「量」のコミュニケーションで評価

バウムでも社員がどんどん増え、私が現場の社員とコミュニケーションを取る機会はほとんどありません。その中で、「サンクスコイン（社員同士がネットワーク上で感謝の気持ちをやり取りするコミュニケーションツール）」や「理事長と飲み会（先着４名の現場社員が理事長と食事をする会。４か月に一度開催）」、「理事長の鞄持ち（早朝から深夜まで理事長の仕事に密着するイベント。現場社員は1年に一度実施）」等を通して、どれだけ自分の思いをアピールしてくれるかをとても重要視しています。

特に「サンクスコイン」や「理事長と飲み会」は、自分から動かなければ結果に繋がらないものです。こういうチャンスを活かさない社員は論外です。

その他にも毎週私が講師を務める方針勉強会の前後や、環境整備点検日（4週に一度私が全事業所を巡回し、環境整備が行き届いているかをチェックする）等、探せば私と接する時間はそれなりにあります。

そういうタイミングで率先して自分から話かけてくる社員とは、自然と会話も弾み、私もその社員をよく知ることができるので、「ああ、この人に任せたい」と思える。

だから私は、「出世したい」と考えている社員の中で、「サンクスコインを贈ってくれた枚数」「理事長と飲み会に手を挙げたか」「理事長の鞄持ちでいくつ質問を用意してきたか」「隙間時間で何度話かけてきたか」を数値化しています。量＝数字です。

仮にどれだけ知識と経験があり、優秀な社員だったとしても、コミュニケーション量＝数字（回数）がない社員には絶対に任せません。

17　幹部にするのに譲れない条件とは

また、幹部を任せるために絶対に譲れない条件を2つ挙げています。「プライベートをオープンにすること」と「秘密を絶対に守ること」です。

人は必ず公私混同します。どれだけメンタルの強い人でも、プライベートでトラブルや悩みがあれば、必ず業務効率が落ちます。風邪を引けば、集中力も落ちます。であれば、悩みも風邪も早期解決するに越したことはない。すぐに相談してくれれば、悩みには的確なアドバイスを、風邪には休息を与えることができます。

また、幹部として「口が堅い」ということも重要な要件です。なので、私は幹部候補にはそれぞれ違う「秘密の話」をそっと吹き込みます。そして、その「秘密の話」が漏れていないかを、さりげなくチェックしています。時には近しい社員にカマを掛けたりもします（笑）。

バウムには、いわゆる反対勢力というものもありません。確かに新しい取り組みには、いつも全員が反対しますが、私が「実施する」と言えば、反対するのは最初だけです。経営者の方針が「根本的に気に入らない」という社員は1人も居ません。なぜなら、コミュニケーションをしっかり取っているからです。

経営者の考えが現場まで浸透していると、反対勢力も絶対できません。何度も言いますが、コミュニケーションは「質」より「量」です。量をこなすことに、経営者はもっと時間を費やすべきなのです。

18　感性は教育で磨かれる

私が「○○をしなさい」と指示をすると、バウムの社員は元気良く「はい！」と返事をします。しかし、それは「わかりました。実行します」ではなく、「聞こえました」という返事です。人は他人に命令されるだけでは動きません。実際、あなたの会社でも「指示したことを社員が実行しない」「返事は元気なんだが…」という経験はあると思います。

経営者は、「指示・命令に従うのは社会人として当然」と考えています。そういうときの社員は、別に経営者に反抗をしたくて指示・命令を実施しないわけではありません。大抵は「忘れていた」か「実行したつもり」のどちらかです。

経営者の意図を汲み取り、経営者が満足するレベルで指示・命令を実施するために重要なことは「気づき」です。

例えば、我々の仕事でとても重要なものとして「お客様のニーズ（困り事）を汲み取る」という役割があります。実はこれは非常に難しい。なぜなら、マニュアル化できないから。お客様の言動の些細な変化に敏感になれるか。

あるとき髪を切ってきたお客様に対し、「ただ髪が伸びてきたので切っただけ」なのか、「何か辛いことがあって、気分転換のために髪を切った」のかでは、我々の取るべき行動も自ずと変わってきます（そもそもお客様が髪を切ったことすら気づけないほど鈍感な人も居ますが…）。

上司としては、「お客様が髪を切ったことくらい気づけるようになりなさい」と指導するしかありません。しかし、そもそも「髪を切った」「体調が悪そうだ」「気分が沈んでいる」「何かいいことがあったのかな」等に気づくことができるかどうかは、感性の問題です。そして、感性は持って生まれた才能（素質）ではなく、育てて磨くものです。

19 感性の磨き方

では、どうすれば感性は磨かれると思いますか。たくさん研修をして、たくさん専門知識を詰め込んでも、感性は磨かれません。感性を磨くには「新しいことにチャレンジし、体験をする」のが一番です。

例えば、「バランス感覚」を考えてみてください。皆さんは幼い頃、自転車に初めて乗れるようになったとき、「うまく自転車に乗ることができる本」を読んで、知識を詰め込みましたか？

もちろん、そんなことはしていませんよね。当然、とにかく乗ってみたと思います。最初は補助輪を付けて、そして家族に手伝ってもらって、何度も転びながら、怪我をしながら、少しずつバランス感覚を身につけ、乗ることができるようになったに違いありません。

感性とはこういうものです。理屈で説明できない「気づき」という感性は、バランス感覚と同じで、体験によって磨かれるものです。

20　感性は「真似」で磨く

感性を磨く一番良い方法は、「うまい人の真似をすること」です。柔道、剣道、空手、野球、サッカー等々、古今東西あらゆるスポーツで上達のコツは、「真似」をすることです。バウムでも、社員には事あるごとに「先輩・上司の真似をしなさい」と指導をしています。しかし、最初は皆「真似」という言葉にあまりよい反応を示しません。まるで「真似」をすること自体が悪いことのようにも受け取ります。

そして、「真似」の反対は「オリジナル（独自性）」。経営者の中にはとかくオリジナルを追求しようとしたがる人がいます。真似は格好が悪く、オリジナルは格好がよい。しかしこれは、大きな勘違いです。今皆さんが服を着ているのも、日本語でコミュニケーションを図っているのも、スマホを使用しているのも、すべて誰かの真似ですよね？　世の中の99％は誰かの真似でできているのです。もちろん、あなた自身もほぼすべてが誰かの真似です。私の経営スタイルも、福祉業界では「異端」扱いされています（笑）が、オリジナルはひとかけらもありません。すべて他業界、他企業の真似です。それで結果、毎年増収増益を重ね、社員の会社への満足度も80％以上です。どうですか？

真似は格好が悪いですか。私から言わせれば、結果が出ない「オリジナル」程、経営者として格好悪いものはありません。きっと、現場で働く社員も全く同じ意見だと思います。

21 「うまい社員」が社員を教育する

「うまい社員」の真似をさせる仕組みとして、社内のすべての研修の講師を社員が行う、と決めています。外部講師を呼んだり、外部の研修に社員を参加させたがる経営者もいますが、高度な専門知識が必要なもの以外は、あまりおすすめはしません。経営者が「右だ」と言っているのに、外部講師に「左が正しい」と言われたら、社員が大混乱です。

バウムでは、ビジネスマナーから、ＩＴツールの活用方法、対人援助技術や、関係法令、個人情報保護に関して等、あらゆる研修のそのすべてを先輩社員が講師となって教えます。教育支援事業所という部署を5年前に設立し、専任の責任者を立て、社内研修のレジュメから講義の進め方まで自社で考えています。

すると、教える方が一番勉強になる。そして、その先輩社員の真似をした後輩社員が、また翌年の新入社員向けの研修の講師になる。

こうして、先輩・後輩共に感性が磨かれていきます。外部講師や外部研修に社員教育を任せきりにするのは、経営者の怠慢です。

22 「やらざるを得ない仕組み」があって初めて社員教育ができる

バウムの社員は、毎年正月には初詣に行きます。そして、そこで色々なお願いをしたり、目標を立てたりします。そして半年が経過した頃に、私は社員に聞きます。「ダイエットしたい」「貯金をしたい」「恋人が欲しい」「出世したい」等々。

「どうですか、少しでも半年前に誓った目標や夢に近づいていますか？」

恐らく、多くの人はほとんど進展がないでしょう。何故なら、「徹底する仕組み」がないから。そのときはどれ程固い意志であっても、すぐに風化してしまう。それ程意志とは案外弱いものです。私が毎年度作成する経営計画書には、次のような方針を必ず入れます。

「徹底すること」と「徹底できる仕組み」で、学び続ける企業文化を磨き上げる。

「徹底すること」とは、「他人から見たら異常だと思われるくらいに行うこと」です。つまり、周囲が「引く」くらいやり続ける。

私は、7年前から人材教育に取り組み始め、「質より量」のコミュニケーションを徹底してきました。例えば、つい最近までは懇親会等で少なくとも毎週4日、多いときは週6日は全社員と順番にコミュニケーションを取っていました（各社員は月に2回程度）。どうですか、異常ですよね。

それだけではありません。

バウムは現在、社員・パート・アルバイト合わせて90名以上の社員が在籍しています。そのすべての社員を私は毎月「褒めています」。経営者も人間です。自分が自覚している・していないに関わらず、必ず「ひいき」があります。もちろん、サービス業において、ひいき自体は悪い事ではありません。

しかし、1か月の内で全く声を掛けられない社員が居るのはダメです。それは、必ず離職の原因になるからです。そのために、全社員の名前が入った一覧表を持ち歩いて、誰を何回褒めたかをチェックしています。異常ですよね。褒めた回数まで記録している経営者（幹部）はそうはいないと思います。

23 言い訳できない仕組みをつくる

しかし、ただ「懇親会に出席する」「全社員を褒める」と固い意志で決定しても、それだけでは徹底されません。「忙しかった」「他に用事ができた」等とそれらしい言い訳をして、実行しなくなるのがオチです。

そこで、例えば「全社員を褒める」ことを徹底すると決定したとします。褒めるためには、そもそも褒める「こと」を知っていなければだめです。そこで、私はありとあらゆる方法を使って現場社員の情報を収集します。幹部が集まる「経営品質向上委員会（施設長会議）」、月に一度の部長との面談、各事業所から上がってくる日報、週2日ある部長の朝礼、毎週ある幹部勉強会、そして懇親会等々。管理職と会話をするときは、8割部下の情報収集の時間に充てます。

つまり、現場社員を褒める「仕組み」として、幹部とのこれだけの時間を強制的にスケジュールに組み込むのです。そして、褒める「こと」を収集したら、次は褒める「機会」です。メールやメッセージではだめです。直接会って褒めなければ、通じません。東海三県に散らばる14事業所の社員全員に会うのは至難の業です。

しかし、私は4週に一度の環境整備点検日（全事業所を2日かけて回り、環境整備が行き届いているかをチェックする日）、毎週行う方針勉強会等のスケジュールを強制的に組み込むことで、現場に行かざるを得ない仕組みを取り入れたのです。褒めることを幹部とのコミュニケーションで収集し、褒める機会を現場に行かざるを得ないスケジュールで徹底する。わかりやすく言うと、「徹底できる仕組み」とは、いかに逃げ道をなくすか、です。自分で自分の行動を強制する。強制せざるを得ないシチュエーションをつくる。この仕組みがないのに、どれだけ初詣で神様の前で誓っても、望んだ結果は得られません。人は得てして楽な方に流れてしまう生き物です。それは自分の意志だけでは変えられません。だから「仕組み」が必要なのです。

「徹底すること」と「徹底できる仕組み」は、いつもセットで考えなければだめ。

平成29年度の経営計画発表会で、環境整備を徹底すると宣言しました。もちろん、今まで通り4週に一度の環境整備点検も徹底する仕組みとしては継続します。しかし、それだけでは今までと同じ。そして何より、環境整備を徹底することにより、価値観の共有を促進したかった。

大切なのは「毎日」「同じ場所」を「同じメンバー」で、「同じ目的」に向かって、「同じ時間」を共有すること。徹底する仕組みとして、毎日の環境整備の様子を撮影し、全社員が閲覧可能な共有掲示板にアップする。しかも、それを私が毎日アナログのチェックリストを使用してチェック（現在は営業サポートの仕事）する。

恐らく楽なことが大好きな社員は、写真を撮りためて、環境整備を行っていない日にアップして行ったことにしよう、と考えるはずです。そうなれば、また新しい仕組みを考える。楽をさせるかどうかは、現場の責任ではなく、そういう仕組みしかつくれない経営者の責任です。

24　決めたことは必ず守る

私がある会社に訪問させていただいたときのことです。その会社の経営者は、バウムの経営計画書を見て、とても感激して下さり、「ぜひ我が社でも」と言われました。しかし、同時に社員にヒアリングをしてみると、彼らはとても冷ややかな態度です。理由は、「どうせ社長は僕らにはルールを守れという癖に、自分は守らない」から。

社長は「俺は社長として、忙しいのだから仕方がない。しかし、社長の決めたルールを守るのは、社員の義務だ」と言います。さて、どちらの言い分が正しいのでしょう。答えは、社員の言い分が正しい。

初めに書きましたが、経営計画書は「経営者の姿勢」が書かれています。ここに書かれることは、「経営者ができること」であって、「社員にやらせること」ではありません。

多くの経営者は、会社にルールをつくって、最初に自分がそのルールを破ります。例えば、「挨拶は元気よく！」と言いながら、自分は声すら出さない。「いつも笑顔で！」と言いながら、自分は眉間にしわがくっきり。これでは説得力が全くありません。経営者自らが決めたルールは、自分が率先して守るべきです。

25　7年休まず続ける勉強会

私は社員教育をバウムで始めたとき、最初に取り組んだことは勉強会の実施でした。初めて作成した経営計画書の解説を毎週1回（全員に受講させるため、同じ内容で週3回）実施しました。私のスケジュールは、朝から晩まで隙間なく埋められています。その中で毎週の勉強会等、絶対に無理だと誰もが考えました。しかし、私はすべての業務に優先して勉強会のスケジュールを1年間分押さえておきました。すべてのスケジュールに優先した結果、今日までの7年間で勉強会を実施できなかったのは、たったの一度だけです。

回数は既に３００回（通算７００回）を超えています。どうせすぐにスケジュールの調整ができなくなって、辞めるだろうと高をくくっていた社員は大誤算。結果、今では勉強会は当たり前の「会社の名物行事」として定着しています。

【図表６　勉強会】

第2章　上司の指示を守らない部下への処方箋

1　経営者は社員のことを知らない

実は経営者は、自社の社員のことをほとんど知りません。いえ、正確に言うと「知ろうともしません」。試しに、自社の社員をフルネームで全員書き出してみてください。どうですか、社員のフルネームすら書けないのに、「私の言っていることを全く理解しない」と悩む経営者が間違っているのです。「信頼関係を築くためには、まず相手（お客様）に関心を持つこと」。あなたは部下にいつもそう指導していませんか。なのに、あなたは部下に関心を持たない。これはおかしな話です。

私は徹底して部下のことを知るために時間と手間とお金を惜しまず掛けています。その量たるや、誰もが驚嘆し呆れるほどです。

例えば、4週に一度全事業所（14か所）を2日かけて巡回し、現場の社員とコミュニケーションを取っています。他にも、毎月直属の部下（8人）と30分の面談を行い、半期に一度評価面談（5分で評価を伝え、5分で評価期間中頑張ったことをひたすら聞く）を全社員（正社員90名）と行い、毎月社員の誕生日会を主催し、幹部を3つのグループに分け毎月懇親会を開き、新卒社員と3か月に一度食事会をし、直属の部下と毎月食事会をし、年末には新卒社員と直属の部下（毎年20人程度）の実家（日本全国どこでも）にお伺いし、ご家族に1年のご挨拶をします。

ちなみに、内定者のご実家にも入社前にはご挨拶に行きます。ここに挙げたことはほんの一部ですが、私は大げさではなく1年３６５日、ほとんど社員のことを考えています。社員に関心を持てば、逆に社員も私（会社）に関心を持ってくれます。

バウムイベントの感想

①お疲れ様です。本日は誕生日会にお招きいただき有難うございます。あっという間に時間は過ぎてしまいますね。残念です。でも楽しかったです。今月は政策勉強会の後のアセスや鞄持ちもさせていただくので、代表にお会いできる回数がいつもより多く楽しみな月です。ありがとうございました。

（３年目　就労継続支援Ｂ型勤務　中川　利恵）

②今日は私的な都合で半休をいただきまして、ありがとうございました。普通、休むことは言いづらいのですが、代表がいつも家族のことを気にかけてくださることで、良い意味で遠慮なく申し出ることができました。何やってるの、早く帰らないと！　という言葉はすごく嬉しかったです。おかげで妻を病院へ連れていき、息子は何とか面倒を見ることができました！　本当にありがとうございます。

（５年目　北エリア部長　堀　怜志）

③あけましておめでとうございます！　年賀状ありがとうございました！　家族が「代表から直筆でコメントもらえるなんて、職員のことを大事にしている会社なんだね」と言っていました。前までの年末年始は友達と過ごしてばかりで、大体家にいなかったのですが、今回はなるべく家にいるようにしています。年賀状でも書いてくださったように、コミュニケーションは質より量と

いうことで、家族と過ごす時間を沢山とることこそ親孝行なのかなと思います。お酒をたくさん飲んで、家族と沢山とりとめのない話をするというお正月になりそうです（笑）。

（2年目　営業サポート勤務　生頼　英里香）

2　社員の成長なくして会社の成長はあり得ない！

これはサービス業をしている経営者なら、当然誰もが考えることです。しかし、同時にこうも考えます。「一人前の社会人なのだから、自ら学び、自ら成長するのは当然」。この考えは、創業者ほど強いように感じます。なぜでしょうか？　それは、創業者自身が「自ら学び、自ら成長」してきたからです。

創業者は、自ら大変なリスクを背負って起業するという、ちょっと変わった人種です。会社を起業するということは、例えるならば「目指すべきゴールも辿るべき道も全く見えないマラソンを休むことなく走り続ける」ようなものです。強靭な精神力と体力と行動力がなければ務まりません。創業者とは、そういう人達です。

「自分ができたのだから、他人もできる」。大なり小なりこのように考えている経営者が本当に多い。しかし、この考えは今すぐに捨てるべきです。誤解を恐れず断言しますが、あなたの会社にはあなたと同じバイタリティーを持った社員は居ません。

バウムでは「理事長の鞄持ち」という制度があります（後で詳述します）。朝から夜まで私と行動を共にする仕組みです。通常、現場社員は1年に一度ですが、仮に1週間続けて鞄持ちをしたら、必ず倒れます。体力も心ももちません。それほど創業者のバイタリティーは異常なのです。まずは、それを自覚すべきです。

3　働けば働くほど、「正しい」と呼ばれた時代

かく言う私自身、創業時はものの見事に社員に対して「自ら学び、自ら成長していく」ことを強要していました。それは、私が生まれ育った時代背景によるところも大きかったように感じます。

私は昭和56年生まれです。当時はバブル全盛期で、なおかつ私の父方も母方も家がそれぞれ自営業でした。私の周りには「サラリーマン」と呼ばれる人が全くと言っていいほど居ません。みんな朝から夜遅くまで働いていました。そして、働けば働くほど生活が豊かになっていきます。

さらに、時代もそれを後押ししていました。皆さんは某栄養ドリンクのCMを覚えているでしょうか？「24時間働けますか～」。寝る間も休む間も惜しんで働く、これが「企業戦士」と呼ばれた日本の社会人としてのあるべき姿でした。私も子供心に深夜のオフィスで1人パソコンに向かっている姿をドラマで見て、「格好良い」と思っていたのです。

しかし、時代は変わり某栄養ドリンクのCMも「24時間働きません～」になりました。我々が「常

識」だと教え込まれた働き方は、間違いなく今や「非常識」と言われ、そういう企業を「ブラック企業」と呼ぶようになりました。

4 時代の変化も受け入れなければいけない

私は、平成29年度の経営計画発表にあたって、経営計画書にこのように書きました。

「今、我々を取り巻く社会は大きな変革を迫られています。自らを犠牲にし、職務を全うする働き方はもはや古い。現代の若者は、いくら給料が上がるかよりも、何日休日があるか、に興味がシフトしています。家族のために休日返上で働くことよりも、家族のためにいかに時間をつくれるか、これが理想の社会人像です。この変化が良いか悪いかではない。社会の流れが変わった以上、我々も変わらなければいけません。『量』をこなせば評価される時代はこれで終わりました。これからは、誰もが決められた時間内で『結果』を出さなければ、評価されません。

そこで、バックヤードの徹底したＩＴ化を図りつつ、現場業務と切り離すことにより、業務効率を最大限まで上げていきます。さらに、現場業務の一部委託により、職員の教育時間を捻出。また、有給消化率を70％以上にするため、昨年度まで執行役員のみ対象だった『長期有給休暇制度』を全職員に拡大。さらに、企業主導型の保育園と提携を結び、女性が活躍できる職場を創ります」（第11期経営計画書より抜粋）

ここに書いたように、時代の変化が「良いか悪いか」はどうでもいい。ただ「変化した」という現実は受け入れなければいけません。古き良き時代に思いを馳せるのは、あなたが引退した後でも充分です。

5　愛社精神を高めるには社員のプライベートに踏み込む

このように書くと、それこそ時代と逆行しているのでは？　と言われるかもしれません。しかし、本当にそうでしょうか？

バウムにH君という社員（現在退職）が居ました。彼は若い男性社員で、いつも元気です。しかし、年に数度決まって連休明けに体調不良で休みます。理由を聞いてみると、彼はあるアーティストの大ファンで、コンサートがある度に東京や大阪に頻繁に遠征をしていました。そこで大声で叫び、力の限りエールを送るので、翌日必ず喉を傷め、風邪をひいてしまうとのこと。それからは、そのアーティストのコンサート翌日はあらかじめ有休を取らせるようにしました。

他にも、バウムで社内恋愛をしているあるカップル。喧嘩をするたびに、男性社員がわかりやすく落ち込むので、毎回呼び出して喧嘩の仲裁をします。さらに、バウムの営業部長・吉永は毎年奥様の誕生日を忘れるので、私が事前に忘れないようにうるさく言います。

そこまでするのか、と思いますか？　そうです、そこまでするのです。私生活が安定していなければ、必ず仕事に影響が出ます。必ずです。であれば、「プライベートは自分で何とかしろ」ではなく、「プライベートを相談してくれれば、会社は全力でフォローする」と決定したほうが、お互いのためになるのです。

バウムイベントの感想

①お誕生日のお花ありがとうございました。両親ともに大変喜んでおりました。また自分もこんな機会がなければ、改めて両親に感謝を伝えずにいたなあと思います。面と向かっては恥ずかしくて伝えにくいことでもお花と手紙を添えるとこんなにも素直に言えるものなのだと思いました。こういった機会をいただきありがとうございました。（2年目　相談支援専門員　渡辺　麻未）

②創立記念日おめでとうございます。（中略）バウムにいる間に妻ができ、子供ができました。犬猿だった父親とも話す機会が増え尊敬するようになりました。すべてバウムのお陰、代表のお陰です。部長に上げていただき、妻にも結婚記念日に贅沢な食事に連れていけるようにもなりました。これからもバウムの職員として、精一杯代表へ恩返しし家族を何よりも大切にできる職員でありたいと思います。家族を大切にすることを教えてくださって本当にありがとうございます。これからは私が教えられるようにしていきます!!　（5年目　北エリア部長　堀　怜志）

③お疲れ様です。この度は創立記念日おめでとうございます！　4月から社会人生活がスタートし、思い返せばまだ半年なのにもっとバウムに居させてもらっているような本当に色濃い半年で

した。バウムと出会い代表と出会い、今こうしてバウムの一職員として居られることがとっても幸せです。バウムの、職員を思いやる気持ちから溢れ出る雰囲気の良さをもっともっとたくさんの人に伝えていけたらなあと心底思います。そしてバウムがこれからも沢山の人と出会い大きくなっていく中で、自分も一緒に成長していけれるように微力ではありますが少しでも貢献できるように頑張ります!!　バウムに入社できて本当に良かったです！　これからもよろしくお願いします！

（2年目　グループホーム勤務　成瀬　明奈）

④バウム創立記念！　おめでとうございます!!　毎年この時期になると自分が就活していたときを思い出します！　そしてバウムに入社した自分の選択は間違っていなかったと実感し、自分に自信を持つことができます！　人生の大半の時間を過ごす、「職場」の中で自分に合った会社に出会い、そして採用していただき、そしてそして会社でも重要な役割を担わせてくださったこと、本当に奇跡の連続だと思っています。本当にありがとうございます。またプライベートでもバウムが強く影響しているので、僕の人生はバウム抜きでは成り立たない！　と強く思っています。だからこそ私はプライベートをオープンにします。だって代表のお力を借りたいので…。ですので、図々しいお願いだと思いますが、これからもバウムで働かせてください。お願いします！

（5年目　港エリア部長　加藤　大稀）

「最近の若い人」に愛社精神がないのではなく、愛社精神を持てるほど自分たちのことを考えてくれる会社に出会っていないだけです。

6　会社が成長すると社員が辞める!?

経営計画書を作成し、社内の改革を進めると、一定数の社員は辞めていきます。社員の基本的な考え方は「自分の方法」で正しく誰かの役に立ちたい、です。

普段社員は、「会社は全く社員のことを考えてくれない」「うちの社長はいつも現場に任せっきりにする」と言いますが、いざ社員のことを考え具体的な方向性を指し示した途端、猛反発をします。

私がある年「有給取得率を上げる。みんな有給を最低でも5日以上は取れるようにする」と宣言した。すると今まで「連休が欲しい」と言っていた社員が、こぞって猛反発。喜んでもらえると思って、どや顔で宣言した自分が恥ずかしくなりました。

なぜ彼らは猛反発したのか？　それは、必要に迫られたとき（病気等）以外で有給を取得したことがないから。要するに、新しいことに不安を覚えたのです。

人は未知のことや体験したことがない（新しい）ことには不安や面倒臭さを感じます。その不安・面倒臭さが、焦りや怒りとなって、結果反発につながる。不安を覚える人には、取り敢えずやらせてみることが一番。実行してみれば、結局自分のためになるのだと実感ができれば、反発はなくなります。

7　価値観の合わない社員から辞めていく

問題は、新しい取り組みを「面倒臭い」と反発する社員です。こういう社員が辞めていくのはラッキーです。「人手不足なのに、辞めてもらったら困る！」と思われるかもしれませんが、よく考えてみてください。

毎年法改正があり、時代の変化も激しい今の世の中で、我々中小企業が生き残っていくためには、会社も激しい変化に合わせてどんどん変わらなければいけません。それなのに、「自分は変わりたくない」と考える社員が１人でもいるだけで、致命的です。そういう社員こそ、たいていキャリアがそこそこあり、自分の経験に自信を持っている頭の固い中堅社員だったりします。

そして、そこそこキャリアがあるから、経営者もあまり強く言えない。だからますます自分のやり方に固執し、経営者の指示を守らなくなる。全くの悪循環です。

前述したように、社員教育とは「経営者と価値観を合わせる」作業です。いくらキャリアがあるからと言っても、経営者の指示より自分の経験を優先する社員は、組織には必要ありません。

くどいようですが、責任を取るのは経営者です。いくらキャリアがあっても社員には責任はとれません。責任はとれないのに、自分のやり方に固執するのは、子供が駄々をこねているのと変わりません。しかも、そういう社員程高給取りです。迷惑以外の何物でもない。百害あって一利なしです。

8　辞めていく社員より、今居る社員を大切にする

このように、会社を改革していくと何人かの社員は辞めていきます。そこで「辞める社員が出てくるなんて、自分のやり方が間違っているのでは」と考えて、改革自体を中止する経営者もいます。しかし、これは大きな間違い。もっと最悪なのは、「辞められては困る」とその社員を説得してしまうことです。説得された社員はどう思うか。「社長に辞めないでくれと言われた。私は特別なのだ」と、もっと経営者の言うことを聞かなくなります。

私が社内改革を始めてから7年が経過します。その間、売上が7倍以上（7000万円↓5億1000万円）になりました。今では社員数は90人以上ですが、当時から残っている社員は5人だけです。安心してください。社内改革が進めば、採用活動も必ず今より楽になります。退職届をちらつかせて、自分のわがままを通そうとする社員の説得に時間を浪費するより、今現場で頑張っている社員に1秒でも多くの時間を使ってください。

9　バウムが社員教育に年間3000万円もかける理由

バウムはここ数年、驚くほど定着率が上がりました。年間の離職率は10％以下です。けれど逆に

言えば、まだ年に数名は「バウムの方針が合わない」という理由で、辞めていきます。彼らの「合わない方針」とは、大体同じです。それは、「社内イベントや研修・勉強会が多過ぎる」。外部の方から見ると、ずいぶん羨ましい理由だと思います。

社内にコミュニケーションの機会や研修・勉強会の制度がないから、わざわざ休日に自分のお金を使って外部の研修に参加したり、飲み会を開く。

そんな人達が大勢居る中で、バウムではコミュニケーションを取る機会も、研修や勉強会もそのほぼすべてを就業時間中に、なおかつ会社のお金で行います。しかし、一部の社員はこれが納得できない。彼ら曰く「そんな暇があるなら、もっと現場でご利用者様対応をするべきだ」。なるほど、もっともだと思います。私もそうであったら、どれほど嬉しいことか。

バウムがこの社内イベントや研修・勉強会に掛ける時間とお金は尋常ではありません。当然、私も相当の労力を割いています。使うお金も年間3000万円以上、掛ける時間は1人年間300時間です。もし、彼らの言う通りこの社内イベントや研修・勉強会がなくなれば、私はもっと経営に専念できる。

10　福祉社員はコミュニケーションが苦手な人が多い

しかし、現実はそんなに甘くない。なぜなら、バウムの社員は、その半分以上が「コミュニケー

【図表7　従業員数と離職者の推移と人材定着率】

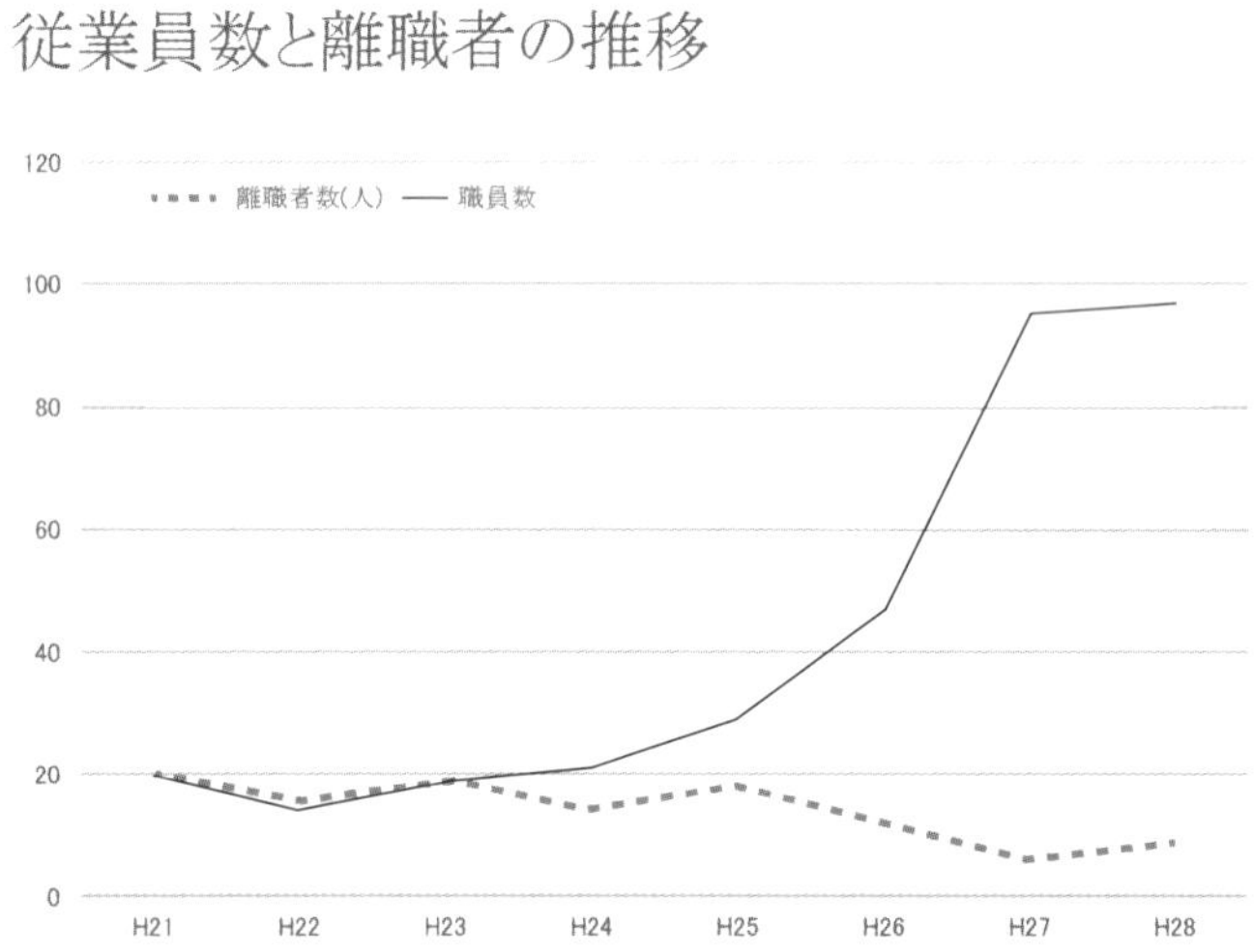

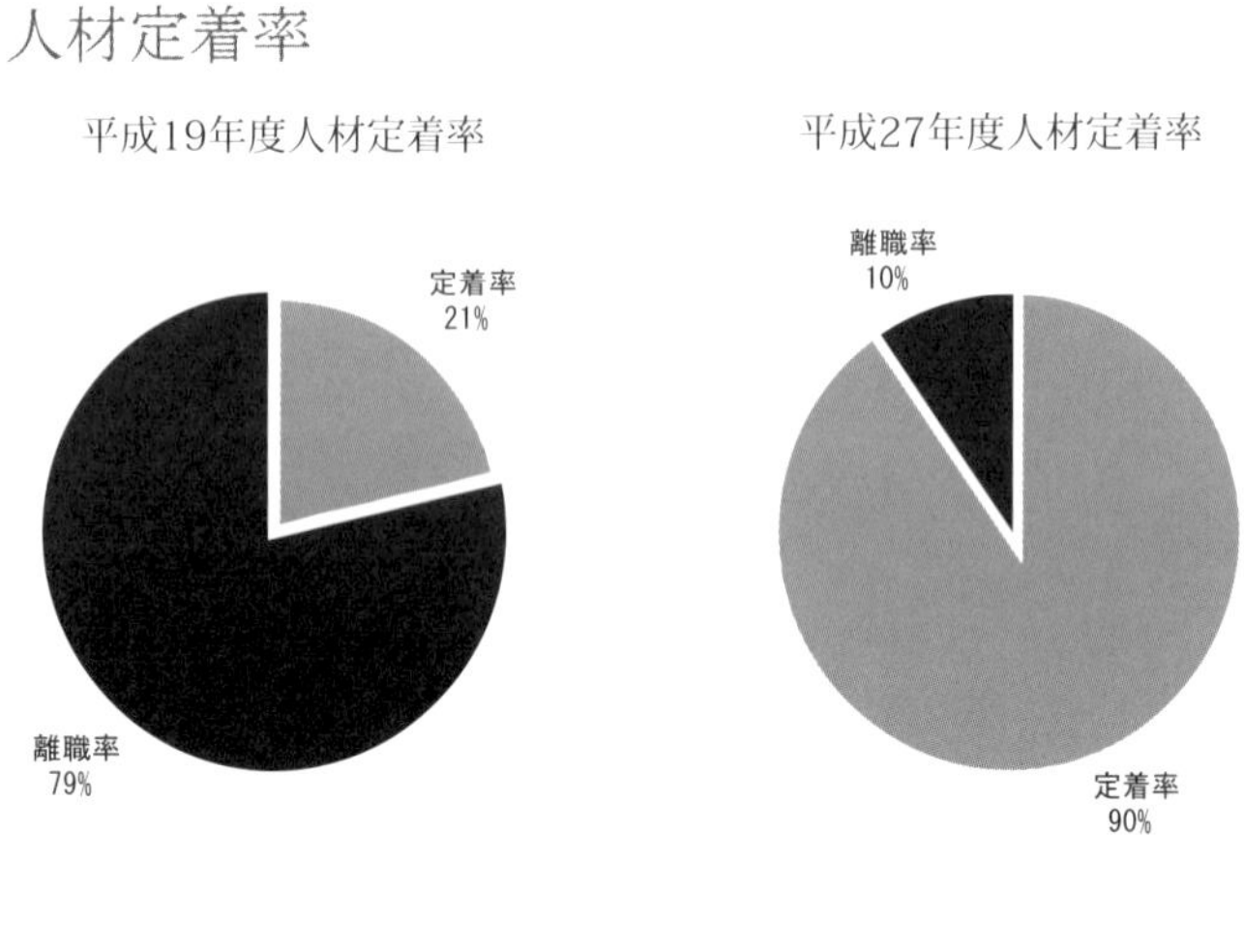

ションが苦手です」とはっきり言うから（自覚がない社員も少なからず居ます）です。逆に言えば、「コミュニケーションが得意です」と言い切る社員はほぼ居ません。サービス業にも関わらず、です。他人と話すことが苦手、自分の思いを伝えることが苦手、他人の思いを推し量ることが苦手。そういう人しか基本的には入社しません。でも、別にそれはそれで構いません。福祉の世界に入るとき重要なのは、知識でも経験でもスキルでもなく、「想い」だと私は考えています。

なぜなら、知識も経験もスキルも訓練次第で身につけることができるが、「想い」はそれができないからです。しかし、サービス業において、お客様とのコミュニケーションが苦手、とは言っていられません。だからこそ、訓練が必要です。

しかし、苦手な人に「仕事以外の時間を使って得意になってこい」、と言ったところで上達するでしょうか？　しません。だって苦手な人はそもそもどうすれば上達するのかを知らないから。知っていれば彼らもとっくに実践して、苦手意識を克服しています。

いいえ、厳密に言えば、上達方法は知識として知っているかもしれません（最近は啓発本の類が沢山出ているので）。しかし、実践しません。なぜなら「苦手だから」。

普通の人は自分自身には甘い。休日返上で、自分の苦手なことに積極的にチャレンジするほどの猛者なら、これもまたとっくに克服しているはずです。

再三言いますが、この仕事はコミュニケーションが苦手とは言っていられません。だから、就業時間中に訓練をするのです。それが社内イベント。仲の良い友人でもなく、家族でもない、今まであまりしゃべったことのない人とコミュニケーションを取るのはとても大変で、面倒臭いことだと思います。でも、その大変で面倒臭い思いをしなければ上達しません。

11　質より量の訓練で苦手を克服

さて、これは研修・勉強会でも同じことが言えます。毎日毎日仕事をして帰って来てから、もしくは休みの日に皆さんは勉強をしたいですか？　したくないですよね。普通はそれが正しい（中には見習うべき勤勉な社員もバウムには居ますが、ごく少数です）。

もちろん、帰ってから家事に育児に、という社員も居ます。さらに、昨今はワークライフバランスという言葉もあります。そう考えると、専門職だからと言って、仕事以外の時間に勉強をしなさい、とは言えません。むしろ会社としては、休みの日は思いっきり遊んでリフレッシュしてください、と言います。

では、いつ知識を蓄えればよいですか？　もう就業時間しかありませんよね。さらに言えば、私の行っている毎週の勉強会は、会社の方針や社会人としてビジネスマナーを学ぶ勉強会です。これにも不満が出る。専門知識を得るための勉強会ならともかく、なんで会社の方針やビジネスマナーを毎週学ばなければいけないんだ、と。

これも簡単です。理解していないし、できていないから。いくら専門知識を学んでも、お客様に対して挨拶１つ笑顔でできない社員は、福祉社員失格です。でも、これが本当にできない。朝一番に事務所に出勤してきて、ぼそっと「おはようございます」。私が事務所に入ってきても、そっぽを向いて「おはようございます」。会社のトップにそっぽを向いて挨拶ができる社員たちです。

当然ご利用者様にも同様にそっぽを向いて挨拶をする。我々の仕事はサービス業です。お客様にサービスを提供することで、初めてその代価を得ることができる。そういう意味では、バウムの方針に納得がいかない社員のほうが正しい。

しかし、コミュニケーション能力も、知識も、スキルも、基本的なビジネスマナーでさえも未熟な状態でお客様の前に出て、質の高いサービスを提供できるのでしょうか？　そして、就業時間中はサービス提供時間だと言って、その代わりに全社員が就業時間外で学びの時間をつくるのでしょうか？　それができなければ、いつまでも質の低いサービスを提供し続けることをよしとするのでしょうか？

12　中小企業に優秀な人は来ません

では、面接の段階でコミュニケーション能力が高くて、知識もスキルも持っている人だけ採用すればよいではないか、と言われるでしょうが、それこそ夢のまた夢。そんな優秀な人材は中小企業には入ってきません。

特にこれからの時代は労働者人口が減少し、慢性的にどの業界も人材不足が加速します。我々はそんな時代の中で、コミュニケーション能力も、知識もスキルもなくても「想い」がある人材を、どのように教育して戦力にしていくのかを考えなければいけない。

一部の能力のある社員に甘え、潰れるまで負担を強いる組織ではなく、飛びぬけた社員が居なくても、全員で支えあえるような組織をつくる。そのためにも社内イベントや研修・勉強会はどうしても必要になってくるのです。

13 社内・外の風評は一切気にしない

私は、社員からどう思われているか、まったく気にしません。同じように外部の方からどう思われているかも一切気にならない。とはいえ、5年前くらいはとても気にしていました。なぜなら、自分の行動に結果が伴っていなかったから。

しかし、今は違います。毎年増収増益を重ね、会社の規模が拡大し、社員数も増え、何より社員がいつも笑顔で満足度が異常なほど高い。これだけの結果が出ているので、仮に社内・外から何か噂を立てられても、「ああ、羨ましいんだな」としか思いません。結果を出せない人に何をどう言われても、右から左です。

例えば、バウム社員の一糸乱れぬ挨拶を目の当たりにした人には、「バウムは軍隊みたいだ」「バウムの理事長は独裁者に違いない」と思われているようです。しかし、実際その噂を聞いている人がバウムの社員や私と話をすると、「全然イメージが違う」と言っていただけます。私が新しいことにチャレンジするとき、たいていは「社員がやってみたいこと」を事業化します。

福祉業界に入って「採用に関わる仕事がしたい」と言った萬羽のために、採用と社内教育を企画・実施する「教育支援事業所」という部署をつくりました。大学時代ウェブデザインを学んできた小川のために、社内のIT化を促進する「経営支援事業所」をつくりました。何名かの社員の希望で、今年度から放課後等デイサービスを開始しました。私は新卒社員に対して、入社式でこう話します。

「これから3年間、先輩や上司の言うことを素直に実行し続けてください。そしてその間に、自分の本当にやりたいことを見つけてください。5年後にそのやりたいことが実現できる環境をつくってみせます」。

14　人生の大半を過ごす会社だからこそ

人生の大半を過ごす会社だからこそ、楽しくなくては長続きしません。どのみち会社の規模を大きくしなければいけないのには変わりはありません。

であれば、新規事業は公募で決めたほうが夢が持てる。それが飲食店でも、農業でも、営業でも、すべては福祉に繋がります。社員1人ひとりの強みを生かし、新しいことにチャレンジする。社員も会社もお互いが笑顔になれます。

15 「報告をしない社員」が正しい

多くの経営者は「何かあればすぐに報告をしなさい」と言います。しかし、実際は報告が上がってくることはほとんどありません。なぜか、それは、報告することが面倒だからです。「え？ そんな理由で!?」と思われるかもしれませんが、そんな理由です。

現場の社員はそれはそれは毎日大忙しです。なにせ目の前にずっとお客様がいらっしゃるわけですから。状況はめまぐるしく変わり、覚えなければいけないこと、記録をしなければいけないこと等々。

早い話、上司への報告はわざわざできるほどの余裕がないのです。しかし、経営者（上司）からすると、報・連・相はしっかり実施してもらわないと困ります。

では、どうすればよいか。バウムでは、「情報とは、上司から取りに行くもの」と決められています。部下から報告が上がるのを待つのではなく、経営者（上司）自らが現場に行って、取りに行くのです。その代表的な例が、会議の進め方です。

バウムの経営計画書には「情報マネジメントに関する方針」というページがあります。そこには、経営判断に必要な項目を5つ定めています。

①数字（実績報告）：売上や登録者数、空き状況、社員の1か月の残業時間等、数字に関わることはすべてこの項目に挙げていきます。
②「お客様の声」：褒めていただいたことや、サービスに対する要望等を書き込みます。
③クレーム・事故・ヒヤリハット報告：1か月以内に提出された各種報告書を添付し、再発防止を継続しているかを確認しています。
④社員情報：部下の仕事で結果を残したこと、悩んでいること、プライベートな問題等をあげていきます。
⑤自分の考え：定量・定性データに基づいた、客観的な自分の考えを書きます。データに基づいた考えなので、無謀な考えや、見当違いな妄想を抱かなくなります。

バウムの会議では、事前に提出された「5つの情報」を元に、職責下位から順番に発言をします。持ち時間は1人5分。ストップウォッチでしっかり計測します。発言の途中でも、5分過ぎたら終了です。時間は有限です。与えられた時間で最大限の結果を出す（必要な報告をする）訓練になる。4週に一度必ず行っているので、幹部はぴったり5分で報告内容をまとめることができます。その後、5分間の質疑応答タイムがあります。これもタイムキーパーがストップウォッチを使用して、きっちり時間を測ります。以前はこの会議になんと5時間かけていました。しかし今では報告に5

分、質問に5分の合計10分。これが13事業所あるので、130分で終了です。

16　会議とは情報共有の場であり、決定は責任者が行う

各事業所の報告と質疑応答が終わるまでの130分間、私は一言もしゃべりません。ただじっと聴いています。質疑応答中も答えるのはあくまで他事業所の管理者や、エリア責任者です。そして、最後に、「この社員はここに異動」「この仕組みをマニュアル化しなさい」「この数字を1か月以内に上げなさい」「この社員とは早急に個人面談を行いなさい」と決定を伝えます。

よく会議とは「決定をする場」と勘違いしている人が居ます。これは間違いです。「決定」をするのはあくまで責任者であり、その責任者が「正しい決定をするための現場の真実（情報）を持ってくる」のが、会議の参加者です。会議の参加者が「会議とは決定をする場」と勘違いをすると、自分も「決定者」だと思い込みます。だから経営者が意見を述べると、反対意見が出てくるのです。

何度も書きますが、責任を取れるのは組織の中で経営者1人であり、それ以外のすべての社員にあるのは責任者の決定を実施する「実施責任」です。無理を承知で、それでも社員とその家族のために生き残る経営をするに当たり、経営者の決定したことに「無理です」「納得できません」という会議は必要ありません。

会議で議論されるべきは、経営者の決定を「どうすれば実現できるか」この一点だけです。

17　「現場の真実」を上司が取りに行く仕組み

では、経営者が正しい決定をするための報告をさせるバウムの仕組みを紹介します。バウムでは、1か月に一度必ず上司と部下が30分の面談を行います。これは上司の仕事です。普通の会社では、部下が相談事や悩みがあるときには、部下から「お時間をください」と言いに来ます。しかし、バウムでは真逆です。上司のほうから部下に「面談をする時間をください」と言いに行きます。

その時間を使って部下自身のことや、部下が持っているお客様情報を報告させるのです。そして、そこで吸い上げた情報を上司のさらに上の上司が面談で報告させ、私の元に届きます。もちろん、情報の緊急度によっては、リアルタイムに報告できるツール（chatwork）を使用してその場で応えたり、日報で翌日までに判断したりと、使い分けています。

18　夢がなければ社員は頑張れない

私はよく「どこまで会社を大きくするのですか」と聞かれます。こういうときの答えはいつも決まっています。「どこまでも」です。例えば、経営者の年収が５００万円だとします。会社の規模を大きくしない、ということは、これ以上経営者の年収が増えることはあり得ません。

【図表8　情報のあげ方】

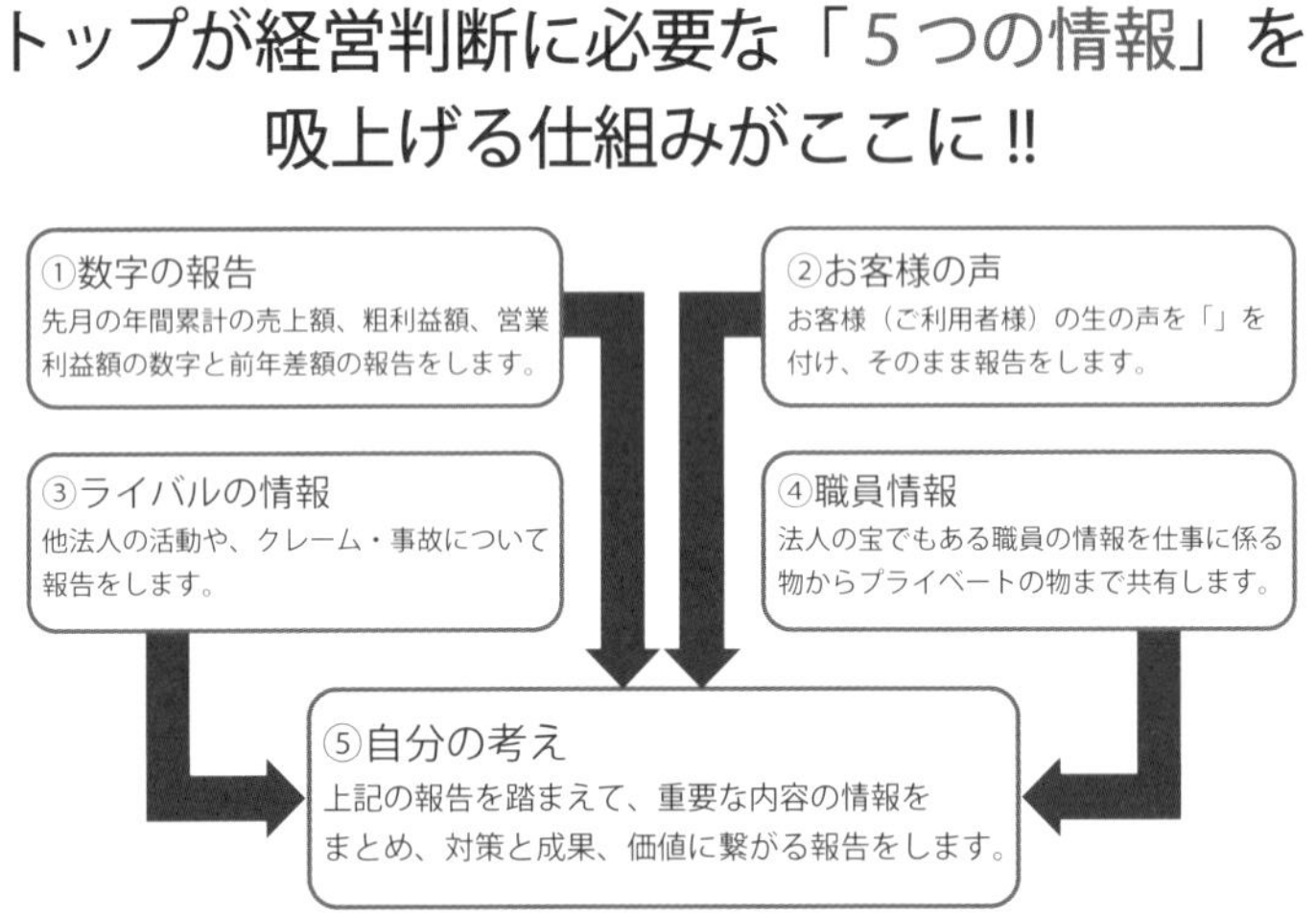

トップが経営判断に必要な「5つの情報」を
吸上げる仕組みがここに!!
①数字の報告
先月の年間累計の売上額、粗利益額、営業利益額の数字と前年差額の報告をします。
②お客様の声
お客様（ご利用者様）の生の声を「」を付け、そのまま報告をします。
③ライバルの情報
他法人の活動や、クレーム・事故について報告をします。
④職員情報
法人の宝でもある職員の情報を仕事に係る物からプライベートの物まで共有します。
⑤自分の考え
上記の報告を踏まえて、重要な内容の情報をまとめ、対策と成果、価値に繋がる報告をします。

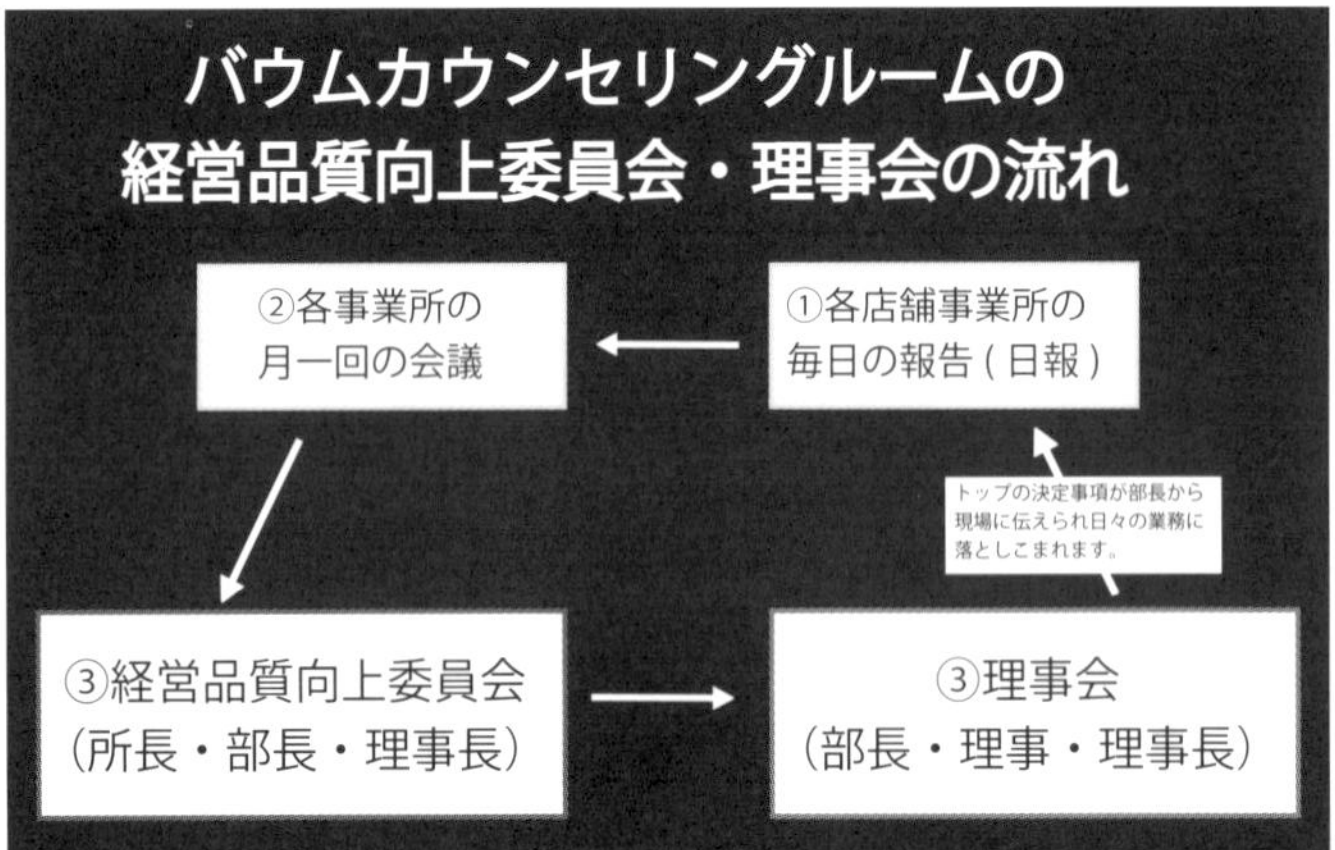

バウムカウンセリングルームの
経営品質向上委員会・理事会の流れ
①各店舗事業所の
毎日の報告（日報）
②各事業所の
月一回の会議
③経営品質向上委員会
（所長・部長・理事長）
③理事会
（部長・理事・理事長）
トップの決定事項が部長から現場に伝えられ日々の業務に落としこまれます。

つまり、社員はこの先どう頑張ってもせいぜい年収４００万円までしか上がらないことが決まっているのです。これで結婚して、子供ができて、家を買って…。社員が想像できると思いますか？

「想いがあればお金なんて最低限あればよい」という若い社員の言葉に甘えて、現状維持をする経営者は最悪です。

若い社員は「今は」それでよいかもしれません。しかし、そうも言っていられない状況が必ず来ます。給料は毎年上がり続けなければいけないし、福祉だからという理由で低賃金をよしとしてはいけないのです。

19　「現状維持」は最悪の選択

例えば、ここに1個のレタスがあります。これを最新の冷蔵庫に保存しました。さすが最新の冷蔵庫です、２日経っても5日経っても全く見た目は変わりません。しかし、これが2週間後はどうでしょうか？　経営者はとかく「現状維持」という言葉が好きです。

しかし実際は見た目はたいして変わらなくても、緩やかにそして確実に腐っていきます。これは経営でも同じです。会社を現状維持するという決定は、変わらないように見えて緩やかに、確実に下降していっているのです。

社員もバカではありません。いつまでも変わらない会社の規模、体質に将来性を感じることができず、1人また1人と去っていきます。しかもこういうときは優秀な社員からです。優秀な社員が去り、新しい社員が入社するので、人件費は下がり一時的に利益は維持できます。しかし、当然サービスの質は下がり続け、お客様は離れていき、優秀な社員の離職は止まらず、徐々に組織は崩壊していく。これが「現状維持でよい」と決定した経営者の辿る末路です。

20 長期事業計画を立てる

経営とは、「目先」のことに捉われるのではなく、「長期的な視点で考えること」です。半年後、1年後、5年後に会社がどうなるべきかを長期的に考え、今すべきことを決定するのが、経営者としての正しい判断の仕方です。

バウムでは、経営計画書を作成し始めた7年前から「長期事業構想書」を作成しています。これは、5年後のバウムのあるべき姿を記したものです。3年前、この事業構想書に「5年後に売上を2倍にする」と書きました。

そのとき、誰もが「理事長！　この計画は無謀すぎませんか？」と言いました。もちろん、私はこう答えました。「その通り。無理だと思う」全員唖然としていました。しかし、実際は5年どころかわずか3年で目標を達成することができたのです。

なぜでしょうか？　たまたまですか？　違います。それは、5年後のあるべき姿が明確になることにより、「今何をしなければいけないか」も明確になったからです。

例えば、ある社員が結婚をしたいからと、5年後に500万円の貯金をすると決定したとします。無謀だと誰もが思いますよね。しかし、5年後に500万円の貯金という目標ができたことで、1年間で100万円貯金をすればよいということがわかります。そうすれば、半年で50万円、1か月で8万3000円。ここまで来て初めて、「一人暮らしをしていては無理だから、一度実家に戻って実家から通勤しよう」とか「車を売って維持費を節約しよう」等、「今すべきこと」が明確になるのです。

21 夢に数字を入れる

夢と妄想の違いは、「数字」です。数字で夢を語ることにより、社員は現実感を持つことができます。例えば、平成30年度の長期事業構想書に私は「5年後売上を4倍にする」と明記しました。当然、またもや社員は全員呆れ顔。むしろあまりに壮大過ぎて、笑いがこみあげてくるそうです。しかし、同時に経営計画発表会で私はこう続けます。

「今より売上を4倍にするということは、事業所数が80か所必要です。現在は10か所（平成29年末現在）。5年間で70か所増やす計算なので、年間12か所です。

さて、平成30年度は既に4月に1か所、6月に3か所、12月に1か所、1月に2か所、3月に1

か所の新規事業が決定しています。この時点で合計8か所です。さらに3か所は新築の建物に引っ越すことが決定しています。どうですか？　既に現実味を帯びてきたでしょう。

そして、5年後に80か所の事業所があるということは、今の社員ほぼ全員に役職がついています。さらに、現段階で一番上の役職のさらに上の役職ができます。その役職の年収は1000万円です」

苦笑いさえ浮かべていた社員も、この話を聞くと全員目を輝かせます。

経営計画発表会の感想

①経営計画発表会お疲れ様でした。毎年売上が右肩上がりなことに伴い、社員の人数も年々増え続け、全員参加することが難しくなってしまったという状況の中で、昨年度に引き続き参加させていただきまして、ありがとうございました。（中略）新卒で入社したため、他の会社がどのような感じなのかはわかりません。しかしバウム程、トップが我々職員1人ひとりのことを考えてくださっている会社はないのではないかと感じます。改めて、入社させていただきありがとうございます。今年度は自分自身も栄転の機会をいただき、環境、また仕事内容がガラッと変わります。不安も大きいですが、また新たな気持ちで頑張ろう！　と気合いの入る1日でした。今年度もよろしくお願い致します。

（2年目　グループホーム勤務　安地　里紗）

②経営計画発表会ありがとうございました。そして、参加させていただきありがとうございました。幹部の真剣さをひしひしと感じ、自分自身の緊張感のなさに1日を振り返り反省しています。そ

して代表が発言されていた『日本中の若者がなりたい職業Ｎｏ．１に福祉を選びます。我々が福祉業界を変える』の言葉の流れに特に感銘し、代表のお力になりたいと思いました。そのためにも、私自身がしっかりバウムに価値観を合わせていく必要があると感じました。代表の夢を伝えてくださり、本当にありがとうございました。（2年目　就労継続支援B型勤務　上山　清美）

③中途入社なので、経営計画発表会自体参加したことがなかったのですが、代表自らによる経営計画の説明や、幹部決意表明など、ただただ純粋に圧倒されました。世間の一般的な企業であれば、会社が大きくなればなるほど、社員に対してトップ自らが会社の展望を語る機会はなくなっていくイメージがあります。しかしバウムは年々大きくなっていっても、毎年必ず代表自らが会社のこれからについて、このような機会で語ってくださるので、私たち職員も夢の共有ができ、各々の仕事のモチベーションに繋がるのだと思います。改めてこのような大切なイベントを任せていただけたことに感謝しかないし、来年度以降も携わっていけたらいいなと思っています!!（2年目　営業サポート勤務　生頼　英里香）

④経営計画発表会お疲れ様でした！　一部の経営計画発表で新しい事業の展開の説明を聞いててとてもわくわくした気持ちになりました！　バウムがどんどん大きくなってみんなの夢が叶えられるような素敵な企業になっていく、そんなことが思い描けるような夢のような会でした（2年目　グループホーム勤務　成瀬　明奈）

⑤今年も経営計画発表会に参加させていただくことができました。ありがとうございました！

3年後、5年後、10年後のビジョンを明確に語っていただき、ワクワクするとともに感動で心が震えました！ そのすべてのビジョンが確実に実現されるよう、率先垂範で取り組んでいきたいと思います！ 今後とも、よろしくお願い致します！

（5年目 営業部長 吉永 文彦）

⑥経営計画発表会の開催お疲れ様でした！ &ありがとうございました!! 毎回この貴重な日に参加ができることをとても光栄に思うと同時に、代表のあの最後の言葉は、思わず目頭が熱くなりました…今年度も色々と方針が変わりますが、更に向上心をもって業務にあたりたいと思います!!

（4年目 グループホーム所長 市川 憂子）

22 評価があいまいな会社は社員のモチベーションが上がらない

社員の離職の理由で1、2を争う多さが「会社が適正に評価してくれない」です。「どのような計算で自分の給料が決められているのか」「昇給するにはどうすればよいのか」「誰がいくらもらっているのか」「なぜあの人よりも自分のほうが評価が低いのか」「これだけ頑張っているのに、なぜ自分の評価はこんなに低いのか」が全くわからない。

だから、「他の会社に行けば本当はもっと評価されるのではないか?」「うちの会社は好き嫌いで社員の給料の額を決めているのではないか?」と疑心暗鬼に陥るのです。

バウムでは「給与体系」をつくって公開し、社員に説明しています。新入社員と3年以内の社員を対象に半期に一度「給与体系勉強会」も開催しています。そこでは、「A評価を取り続けた場合と、C評価を取り続けた場合の給料の差」を3年、5年、10年と実際に計算させています。そして、A評価を取るためにはどうすればよいか、会社は社員のどういう働きを評価しているかを評価シートを使い、毎月上司と部下の面談中にチェックします。だから、納得する。

23　会社の方針を「給与体系」とリンクさせる

7年前までバウムの社員は「休日」に「自分でお金を払って」外部の研修に行っていた。これが当時の社員の不満の1つでした。そこで、私は「就業時間中に社内で勉強会を行う」と宣言しました。当然社員は喜んでくれるものと思っていました。しかし、結果は「大ブーイング」。「現場を放りだして勉強会をするなんて！」。

このときに私は自分の失敗を悟りました。社員は「休日」に「自分のお金を払って」外部の研修に「安心を買いに行って」いた。「自分のお金や時間を使ってこれだけ勉強しているのだから、現場でも良いサービスを提供できる」という安心感です。それを「就業時間」に「給料を貰いながら」研修を受けるのでは、社員にとっては意味がない。何かもっと社員にとってのメリットを提示しなければいけない。

そこで、私は勉強会の出席と成績をリンクさせました。つまり、勉強会の出席回数で給料が上がる仕組みをつくった。これで彼らには出席する「大義名分」ができた。結果は大成功。今では勉強会への出席を成績にリンクさせなくても、毎回100%参加しています。

何度も書きますが、人材教育とは「経営者といかに価値観を共有できるか」です。いくら知識や経験もあり、質の高いサービスを提供できる社員でも、経営者のやることなすことに反対する社員は組織には必要ありません。そんな優秀な社員が1人いたくらいで会社は回らない。それどころか、なまじ優秀なお陰で、他の社員も影響されて経営者の言うことを聞かなくなります。そうなるほうがよほど損失です。

24　社員に誇りを持ってもらう

会社にとって一番困ることとは、お金がないことでもお客様が居ないことでもありません。働いてくれる社員が居ないことです。特に我々のようなサービス業は、人材の質で差別化を図るしかありません。中小企業には経営者以上に優秀な社員は来ません。しかし、その中で社員の成長を促し、より質の高いサービスを提供できるように教育するのは、経営者の手腕が問われるところです。

そもそも社員の成長を促すためには、積極的に会社が提供する社員教育を「素直に」受け入れてくれるようにしていかなければいけません。そのためには、社員のモチベーションをあげる必要があります。

では、どのようにすれば社員のモチベーションを上げることができるのでしょうか。

25 どんなことでも一番になれば社員の目は輝く

バウムの経営計画書には、「障害福祉の業界で、挨拶が日本一素晴らしい法人と言われるようにする。」と書いてあります。

なぜ挨拶なのか？　普通は「サービス内容」で日本一を目指すべきでは、と思われるかもしれません。しかし、考えてみてください。日本全国にたくさん存在する障害福祉の会社の中で、サービス内容で日本一になる、というのは社歴10年そこそこの会社にはいささか無謀すぎます。それでは、社員のモチベーションが上がりません。しかし、挨拶なら？　挨拶には得手不得手もなければ、努力次第でどうとでもなりそうです（実際、簡単ではありませんが）。しかも、サービス業において「挨拶は大切」と教える会社は沢山ありますが、それを徹底している会社はそんなに多くありません。

例えば、バウムではお客様がいらっしゃったとき（郵便配達の方でも）、全員で起立して挨拶をします。皆さん驚かれます。しかし、多くの場合、驚きの後に、お褒めの言葉をいただきます。

「こんなに気持ちよく出迎えられたのは初めてです」。

ところが、こういう話をしていると、時々「何もそこまで徹底しなくても…」という意見をいただきます。本当にそうでしょうか？　子供の頃から私たちは、「挨拶は相手の目を見て」と言われてきました。子供相手に挨拶をするときは、しゃがんで目線を合わせます。

では、なぜ大人（しかも自分の仕事にとって、とても大切なお客様）がいらっしゃったときには、目線を合わせないのですか？

もっと言いましょう。お客様は自社の何を見て信頼すると思いますか？　手厚いサービスですか？　そんなはずありません。だって、手厚いサービスは契約した後でないと体感できないからです。では契約する前に、「ここにしよう」と決める要因は何ですか？　そう、その場に居る社員の印象です。明るく笑顔でみんなが挨拶してくれれば、「ああ、ここでサービスを受けたいなあ」と思ってくれるはずです。逆に挨拶1つまともにできないのに、まともなサービスが受けられるとは思ってもらえません。「対応した社員だけしっかり挨拶できていればよいのでは？」という質問も受けます。

しかし、それではだめです。なぜ、対応した社員だけでよいのですか？　たった数十秒で済むことをなぜそんなに他人任せにするのですか？　わざわざいらっしゃったお客様は、担当社員だけのお客様ではありません。「会社」のお客様です。担当社員だけ挨拶すればそれでよい、というのは失礼ですし、手抜きです（もちろん、お客様応対をしている社員は例外です）。

目の前にお客様がいらっしゃるのに、パソコンや書類を見ながら挨拶をしていても「誠意」は全く伝わらないのです。

26 「日本一」にこだわる理由

それにしても、「日本一」でなくても…、と思われるでしょう。では、そんな皆さんに質問です。

日本で一番高い山は？

そう、「富士山」です。当然ですよね。

では、日本で二番目に高い山は？

どうですか？　私はこの質問に答えられた人をほとんど見たことがありません。変ですよね。日本で二番目ですよ。一番は誰でもわかるのに、二番目になると途端に誰もわからなくなる。これが山だろうが、湖だろうが、建物だろうが一緒です。一番はわかるのに、二番・三番はわからない。

つまり、日本で一番にならないと、名前すら覚えてもらえない。だから、「日本一」でなければ意味がないのです。

お客様に名前を覚えてもらえる、ということの効果は絶大です。平成30年度、バウムが新規事業を8か所展開できるのも、そのための融資を受けることができるのも、挨拶で「日本一」を目指したからです。嘘のように聞こえるかもしれませんが、すべて事実です。新規事業の話を持ち掛けていただいた方々も、銀行の支店長や融資担当者も、社員の挨拶を目の当たりにして、「バウムさんなら大丈夫」と即決してくれました。実に不思議な話です。お客様はバウムの社員の仕事ぶりは一切見ていません。にもかかわらず、4000万円以上の融資を即決していただき、来年度の売上は1億円アップの見込みです。

挨拶を徹底してボーナスアップ

挨拶を徹底してお客様に信頼をしていただき、会社の規模を大きくしていく。普通、社員は会社の規模が大きくなることに関心を持ちません。それどころか、規模が大きくなることを嫌がる場合も多い。社員の協力が得られなければ、どれだけ経営者1人が奮闘したところで、会社は大きくならない。そこで、会社が大きくなると、社員にとってどんなメリットがあるのかを理解させる必要があります。

一番有効なのは「賞与」です。昇給は、会社の業績に関わらず行われます。しかし、賞与は別。バウムの経営計画書には、「利益の一部分配であり、労働対価ではない。業績によっては、支給しないことがある。あくまでも成果（利益）分配とする」と記載されています。会社が大きくなれば（業績が上がれば）、賞与の金額が増える。これ以上社員にわかりやすいメリットはありません。

ちなみに平成28年度、バウムのＮｏ．２森嶋の賞与支給額は約85万円。平成29年度は１７０万円と、倍になりました。部長になったばかりの26歳5年目の加藤は、約１３５万円。他の２名の部長職も全員が１３０万円以上。22歳5年目の営業サポート課長の池田は85万円です。4年前のバウムでは考えられないことです。会社の規模が大きくなったから実現できる。こういう体験をすると、社員も会社を大きくするために協力してくれるようになります。

第3章　不満ばかりの社員への処方箋

1　変化の激しいこの時代に柔軟に対応していく

経営は、「時代の変化」や「法律の変化」「お客様のニーズの変化」等に可能な限り早く対応できるように、組織を絶えず変革させ続けることができるかが、勝負の分かれ目です。

そして、もちろんその変化の速さに社員もついて行かなくてはいけませんし、そうなるように社員教育を徹底させるのです。時には「右が正しい」と言い続けていたのに、「やはり左」と方針を大きく転換しなければいけないときもあります。多くの経営者はこの方針変更を幹部に伝えれば、全社員に伝わると考えている。

しかし、価値観が共有できていない幹部も「自分自身が変化について行くのがやっと」の状況で、それを部下に伝える余裕はありません。また、大きな変更程経営者から幹部、幹部から社員という伝言ゲームでは理解を得られにくい。結局社員は経営者の方針転換を「社長の気まぐれ」と片づけてしまい、実行しようとはしません。

2　大きな方針転換は経営者自らが説明をする

バウムでは、半期に一度「政策勉強会」を行い、期中の大きな方針転換について私が直接全社員に説明をします。

例えば、「毎週火曜日の午前8時から行われている幹部勉強会の対象者を変更する」、「新たにMG（マネジメントゲーム）研修（経営者感覚を身につけるためのボードゲーム）を社内研修に取り入れる」、等を発表していきます。

このような変更も、経営者自らが全社員の前で理由を説明することにより、納得できます。どれほど実力があっても、幹部社員と経営者では社員に与える説得力は桁違いです。

政策勉強会の感想

①本日は政策勉強会ありがとうございました！　経営計画書の変更点や新たに加わった個所など、今年度も更に盛りだくさんですね！　新たな試みも沢山あり、とてもワクワクします。また、満足度アンケート発表は、前年度に引き続き行わせていただいたのですが、人前で話すことへの緊張感がなく、場数を踏んでいくってこういうことなんだなと実感しました。３年目に入りましたが、最近は行ったことのない業務を沢山行うことができ、とても充実した毎日を送っています！それと同時に、もっとたくさんの仕事がしたい、バウムに深く携わっていきたいと思う気持ちが強くなりました！　今期も頑張っていきたいと思います！

（3年目　グループホーム勤務　伊豆原　千尋）

②政策勉強会ありがとうございました！　改めて今年度の方針を明確にしてくださりありがとうご

ざいます。この政策勉強会がなければ、みんなの方向性が合わず、弱い組織になっているんだと思うと、政策勉強会の重要性が改めて身に沁みます！　これからも方針を明確に働きやすい職場を創っていきましょう！

（5年目　港エリア部長　加藤　大稀）

③政策勉強会ありがとうございました。新しい方針が続々と打ち出され、すごくワクワクしました！　サービスの質を上げる仕組みが沢山出てきて、思いもよらないことばかりで感動でした！　話を聞きながら、相談支援ではどんなことができるのか、自分は将来どうしていきたいかなどに思いを馳せ楽しんでお話を聞いていました！　もっと結果を出し、会社に貢献していけるように頑張りたいと思います！　よろしくお願いいたします。（2年目　相談支援事業所長　渡辺　麻未）

3　胃に穴が空いても「無記名」の従業員アンケートをとる

政策勉強会前に全社員から無記名の従業員アンケートを取ります。これは、選択式の「満足度調査」と、記述式の2種類です。満足度調査では会社への満足度・充実度が80％以上という非常に高い数値を毎回出しています。しかし、だからといって社員が会社のすべてに満足している訳ではありません。記述式はもう本当に書きたい放題です…。

半期に一度集計され、私にアンケート用紙が手渡されると、そこから最低3日間は胃が痛くなります。なにせ社員の不平不満を真正面から受け止めるわけですから。これは予想以上にしんどい。

【図表９　政策勉強会での従業員満足度アンケート】

＊ 理事長や幹部の皆様との距離が近い事が満足している点の1つです。
日頃からコミュニケーションを図らせて頂く機会がある為、会社の方針やどのような会社作りを目指しているかという事が現場の職員まで届きやすいと感じています。

＊ 同じ事業所の仲間にいつも助けられているので、とても感謝しています。仕事をする中で本音でディスカッションを行う事で、少しでも利用者の皆様のニーズに応じた支援をチーム全体で提供できるような事業所作りをしていきたいと思います。

また直属の上司にも何でも相談できる現在の環境にとても満足しています。

＊ 個人的には「学ぶ年」として取り組みをしていますので挫折しないようにがんばります。

不満に思っている点はないですが、研修に参加する際の交通費が自己負担なのは何故ですか？

理事長をはじめ皆様いつも遅くまでお仕事をされているようですのでくれぐれもご自愛下さいませ。

代表へ！自分のコップは自分で洗ってください！
洗いたくなければ、紙コップを使ってください！
環境整備のとき、洗ってない代表のコップを見つけてイラっとしました。お客様用ならともかく、同じ会社の人の私物まで片づけさせられるのは納得できません）
解決してくだされば、代表の尊敬の念がよりいっそう深まります。

環境整備点検が、何日の何時ぐらいにくるのかがわかりづらくてつらいです。キレイにしても、1日2日たてば建物は汚れます。「昨日終わった！」と思ったら、実は点検がまだしてなくて、[redacted]動揺しながら環境整備したことがありました。心身ともにかなりきつかったです。明確な日時を決めてください。

[redacted] 全てのPCに見聞録を！[redacted]あの
あすきです（？）、見聞録が足りなくて困っています。助けてください！

[redacted]

女性の受け入れ口が少ないので、女性専用のGHを作っていただけないでしょうか。きっと売上上がりますよ。

[redacted] 1事業所の新卒の数は、どこも複数いるといいなぁ。と思いました。同期が全くいなかったので、さびしかったです。（同事業所に）他の事業所には何人かいたりするのに…[redacted]今度の新卒たち同期が複数いるといいなぁ。

ご回答いただきありがとうございました。
見える化推進委員会

でも、人間関係には満足してます。ありがたい。

会社の方針に関しては、方針勉強会などで共有することが出来ており、代表から直接話を聞くことができるので満足しています。ありがとうございます。

今は上司にも恵まれており、毎日が楽しく充実した時間を過ごすことが出来ています。
ありがとうございます！！！

※政策勉強会での従業員アンケート
　社員の不平不満も正面から受けとめます。

私は日頃ストレスを感じることはまずありません。早朝から深夜まで、それこそほぼ休むことなく働いていますが、1年を通して「辛い」と感じる仕事はこのアンケートを読むことだけです。経営者にとって、会社とは「我が子」のようなもの。大切に大切に育てた我が子に、全く遠慮なく不満をぶつけられたら誰でも辛いですよね？　でも、仕方がありません。これが現実です（もちろん、全体の7割くらいは感謝や嬉しいことばかりが書かれているのですが）。

さらに、この従業員アンケートを政策勉強会の中で、全社員を前にすべて読み上げます。良い内容も悪い内容も包み隠さずです。多くの会社は特に社員の不満を隠そうとします。この選択は最悪です。社員は隠されることに余計不満を募らせ、結局その不満はあっという間に他の社員に伝染します。そうなる前に堂々と公開し、経営者自らがその不満に応える。社員は「今、この瞬間」も辛い思いをしているのです。その気持ちを汲み取ることが一番重要です。そして、解決できないことは「解決できない」と言えばよい。事実なんだから仕方がありません。あいまいに濁すほうが余程社員を傷つけます。

例えば、「給料が低いので、今の倍にして下さい」と書かれていたので、私は「今のあなたでは無理です」と答えます。

バウムには明確な給与体系があります。つまり自分の給料が上がる仕組みを事前にしっかり説明してある。にもかかわらず、その仕組みを無視して「給料を上げろ」という社員の要望を聞く理由がありません。

「給料を上げたければ、給与体系にのっとって成果を出してください」

他にも、「私の上司は口だけの男です。先日も面談をする日に、忙しいから面談したことにしておいて、と言われました。こんな人が私よりも多くの給料を貰っていると思うと、馬鹿らしくなります」

そこで私は、「そんな上司を教育したのは私の責任です。申し訳ありません」と全社員の前で頭を下げ、さらに、

「今後、面談時に使用する評価シートのチェックを全社員分私が毎月行います。これで、正しく面談が実施されているかどうかを見ます」と対策を打ち出した。

こうして社員の不満に正面から向き合うと、社員の満足度はとても上がります。「まさか、全社員の不満や疑問を経営者自らがすべて受け止めてくれるなんて」と驚かれます。例え胃に穴が空いても、社員の不満は正面から受け止めてください。

4　報奨制度を多くつくる

また、政策勉強会では表彰の時間もあります。「エリア別成績優秀者表彰」「環境整備表彰」「サンクスギフト表彰」「改善提案表彰」「特務選抜表彰」「失敗賞」「奨励賞」等、一度の表彰式で20人以上が表彰台に上がります。単純計算4人に1人くらいは受賞できる確率です。これくらいならば、

「自分も頑張ればもしかしたら」と思える。

表彰は宝くじとは違います。社員のモチベーションを上げる仕組みであり、「何人までしか表彰してはいけない」というルールもありません。賞金が少なくても、「全社員の前で評価される」ということが社員の「やる気」に繋がるのです。

表彰の感想

①この度は新人賞に選んでいただき、本当にありがとうございました!! バウムに入社した頃は、まさか自分が新人賞をいただけるようになるとは夢にも思っていませんでした。入社したての頃は目の前の仕事を覚えることでいっぱいいっぱいで、なかなかバウムに貢献できていないと思い、落ち込むことも多々ありました。それでも私が今まで頑張ってこれたのは、ランプとホタルで人一倍の経験をさせてもらったこと、そして周りの職員や上司の方が支えてくださったからこそです。受賞すべき職員はたくさんいる中で私を選んでくださったことに誇りと自覚を持ち、この賞に恥じない働きをこれからもしていきたいと思います!!（2年目　営業サポート勤務　生頼　英里香）

②この度は、優秀職員賞というとても素敵な賞を受賞させていただきまして、ありがとうございました。正直、自分の名前が呼ばれたとき、舞台に上がったとき、ずっと、…自分？　頭の中が真っ白でした。バウムに入社して半年、いろんなお仕事を経験させていただき、その中でたくさんの失敗もしました。しかし、失敗をする度に上司、また先輩職員の方々がフォローして助けてくだ

【図表 10-1　職員満足度アンケート（幹部）】

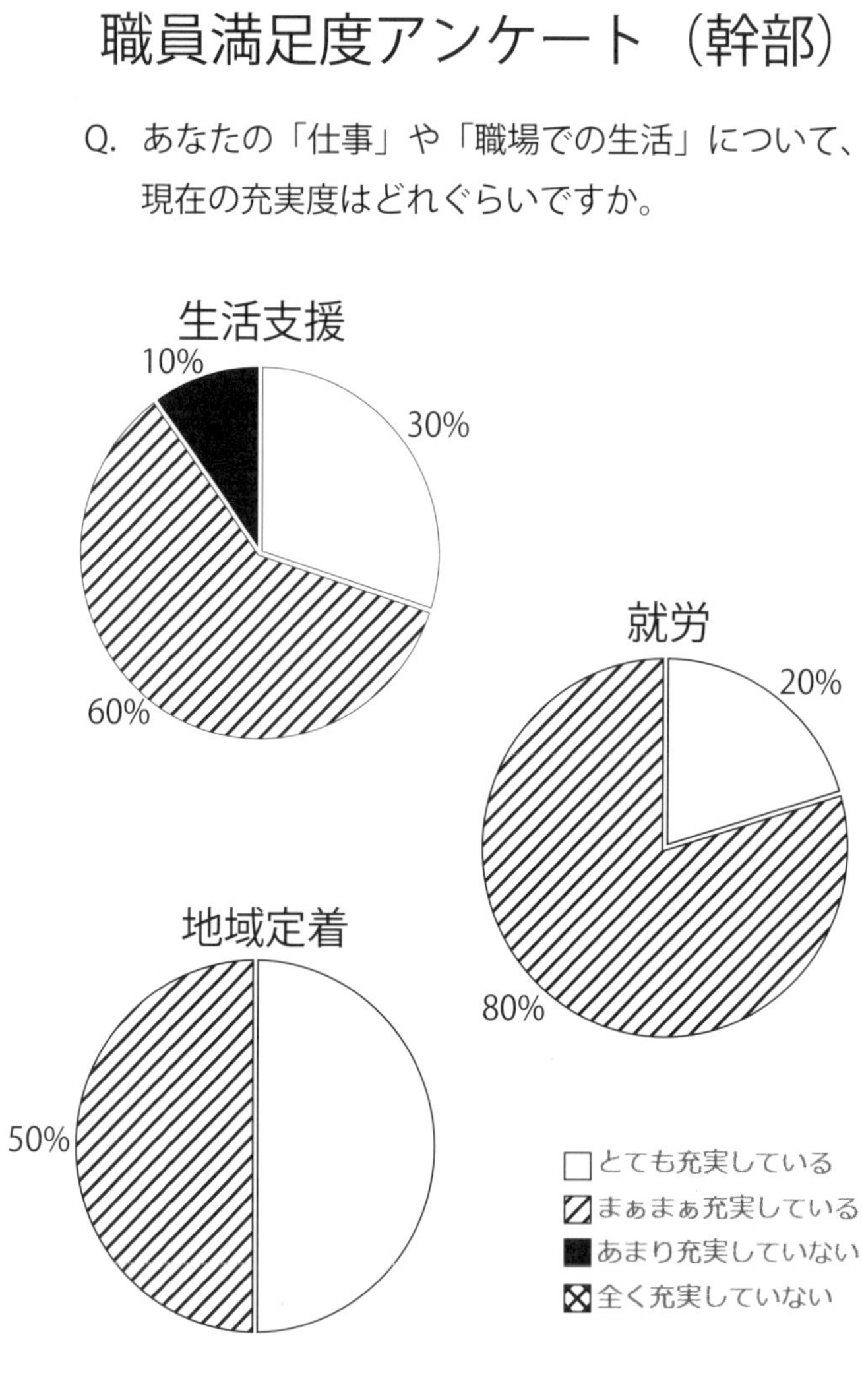

【図表 10-2　職員満足度アンケート（現場）】

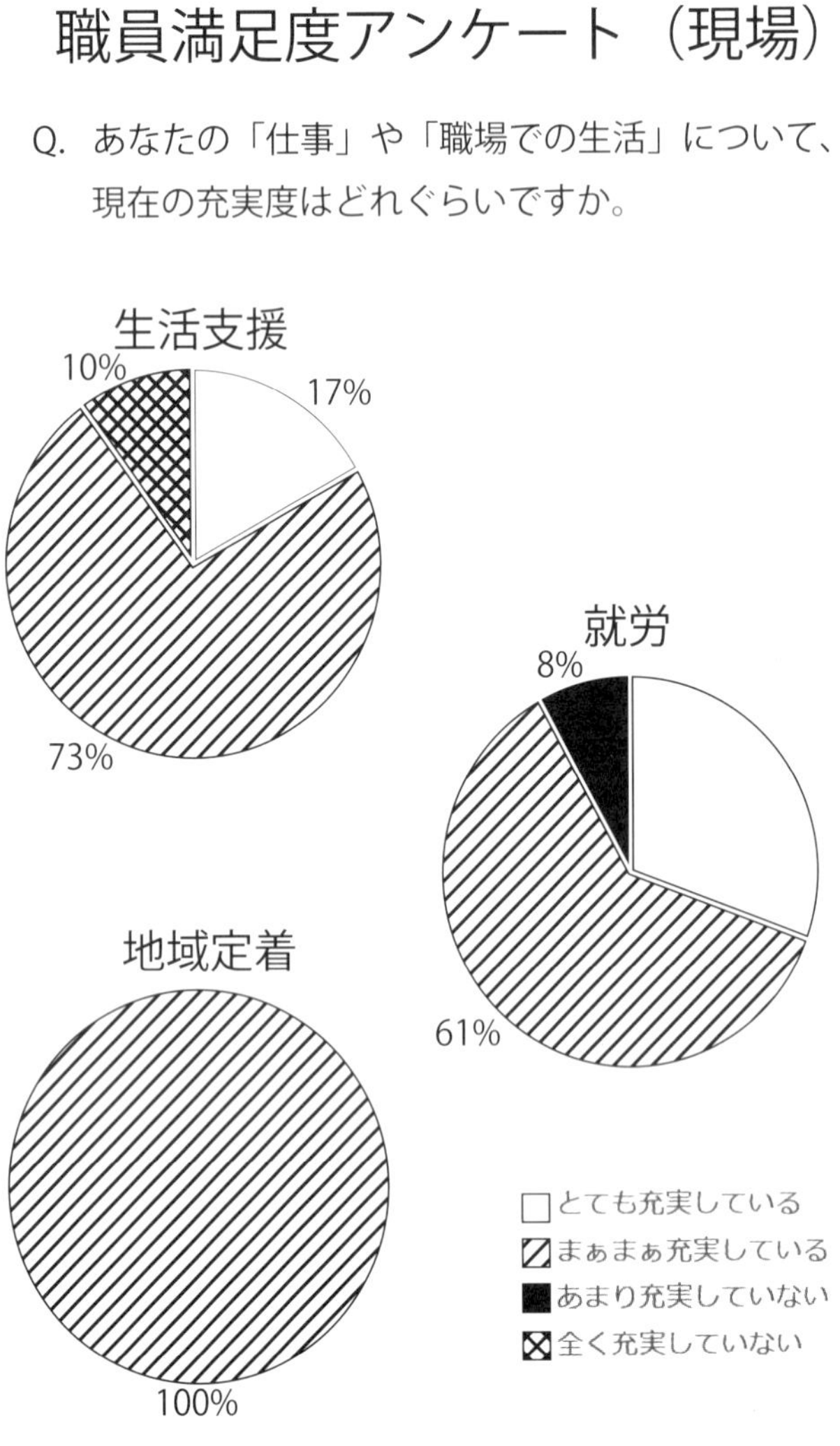

さいました。自分にはいつも、助けてくださる上司や先輩職員、また悩みを分かち合い支えてくれる同期がいます。そういった恵まれた環境の中でお仕事ができていることに感謝の気持ちでいっぱいです。これからも、失敗の中から学び、成長に繋げて、優秀職員賞という素敵な賞をいただいたことに自覚と責任を持って業務に取り組んでいきたいと思います。ありがとうございました！　そして、これからもよろしくお願い致します！

（2年目　グループホーム勤務　安地　里紗）

5　1枚の「実行計画書」で不満解消！

半期に一度、全社員が集まり「実行計画アセスメント」を行います。各事業所のメンバーが全員集まり（パート・アルバイトも）、半期の目標を立てます。このときに重要なのは、「幹部は基本的に口出しをしない」ということです。現場で働く社員、パート・アルバイトが自分たちの考えを出し合い、話し合って目標を決める。目標は3つに絞ります。

①売上を上げる方法：現状維持では衰退していきます。自分たちの給料を上げるためにも売上アップは必須条件です。

②サービスの質を上げる方法：売上を上げるためには、お客様から選ばれるサービスを提供しなければいけません。

③職場環境を改善する方法：サービスの質を上げるためには、社員がより良い環境で仕事をできなければいけません。

この3つの課題をクリアするための方法を全員で徹底的に話し合うのです。そうして「自分で考えた目標」を「自分で実行」し、「自分で評価」して、「自分の給料が上がる」仕組みです。自分たちで決めた目標なので、成果が出せなくて成績が悪くなっても、文句は言えません。普段不満を抱える社員に、こういう場で自分の不満を解消できる目標を出してもらい、実行させる。

すると、それがいかに実現不可能なことかが身をもって理解できる。いくら経営者や上司が「それは無理だよ」と教えてあげても、体験のない社員は納得できません。

それどころか、「私の上司（会社）は、部下のいうことを何も聞いてくれない」と言います。自分で考え、実行して体験を積むことで、初めて腹に落ちる。以前は「週休3日の事業所をつくる」を目標にした社員もいました。当然実現できませんでしたが、不満はそれ以来一切言わなくなった。

さらに、「プレミアムフライデーを導入する」を目標にした事業所は、見事にその目標を実現させ、最終週の金曜日は午後から社員同士でお茶会をしています。お茶会を通して、社員同士の価値観が共有され、モチベーションが上がり、サービスの質が向上されて、結果売上が上がりました。

普通、社員が「社長、うちもプレミアムフライデーを導入しましょう！」と言うと「何を言っているのだ」と一蹴します。しかし、やらせてみれば意外に結果が出ることも沢山あるのです。

【図表 11　表彰】

アセスメントの感想

①昨日はアセスメントありがとうございました！　入社前に初めて行ったアセスメントよりも、より清々しく終えることができました！　きっとそれは、最後までみんなでミモザについて話し合えたこと、全員が高い目標を立てることができたからだと思います。下期がとってもわくわく楽しみになりました！　そして補佐として発表という初仕事はみんなに助けられて終えることができました。まだまだ緊張して途中何をしゃべっているかわからなくなったときもありましたが。下期が沢山キラキラ輝いて、沢山みんなでスキルアップできるように頑張ります！

（2年目　グループホーム勤務　成瀬　明奈）

②お疲れ様です！　今日は最後までアセスメントにお付き合いくださり、ありがとうございました！　事業所のアセスメントは6回目となりますが、今回の実行計画が今までで一番ステキな実行計画だと胸を張って言えます！　アセスメントは時間がかかればかかるほど焦りも出るし考えも凝り固まってしまうもの。だから終わらなかったら地獄の1日…。という概念が取っ払われた1日でした。ギリギリまでワクワクを求めて案を出し合って、本当に本当にステキな実行計画が出来上がりました。全然苦痛に感じませんでした。この実行計画なら、みんなの気持ちを1つにしたい、その気持ちを実現できる気がします！　楽しいだけで終わっては意味がないので、必ず結果を残します！

（4年目　就労継続支援B型勤務　柴山　佳純）

【図表 12　アセスメント】

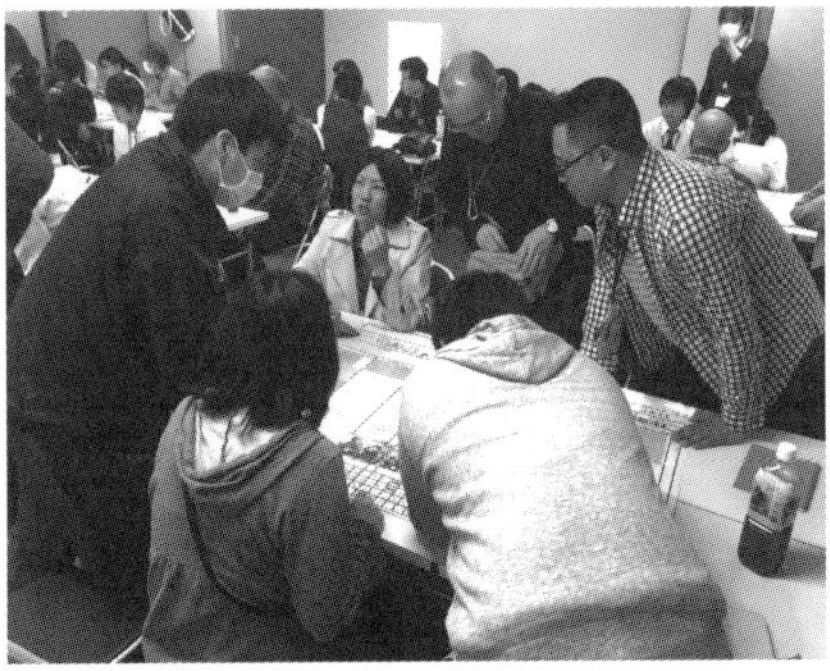

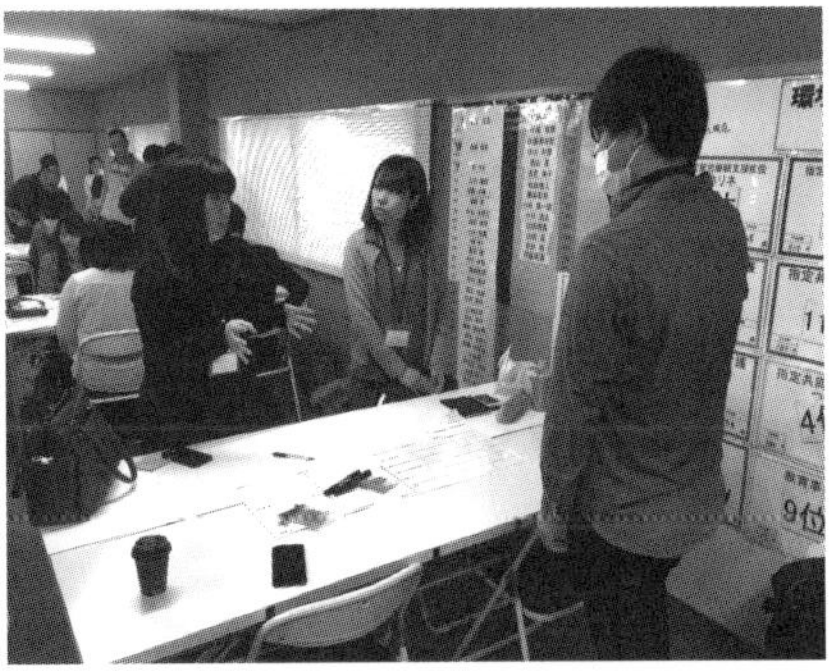

【図表 13　実行計画書】

3年後の達成すべき目標(ビジョン)

達成状況の評価方法(いつ、どこで、どのように)

事業所名:

責任者:

メンバー名:

日付	部長書名員印	理事長書名印

	重点施策(項目)	10月			11月			12月			1月			2月			3月		
目的																			
重点方針																			
目標																			
評価尺度		当月	累計	%	当月	累計	%	当月	累計	%	当月	累計	%	当月	累計	%	当月	累計	%
	粗利益　目標/実績																		
	営業利益　目標/実績																		
	重点施策達成度　目標/実績																		
	FM比率（経費/粗利益×100）																		

6　泣く子も黙る「改善提案制度」

社員の不満を解消する仕組みとして、「改善提案制度」というものもあります。これは、日々の業務の中で改善したいことを専用の用紙に書き込み、「経営者に直接提案できる」制度です。この採用回数によって、成績が上がる仕組みです。この制度の一番大切なところは、提出された提案のほとんどは採用されるということ。そして提案が採用されたら、「自分で実施しなければいけない」ということです。

例えば、「交通費の手当の上限を撤廃する」という提案をしたとします。なるほど、社員にとってはこれは嬉しい提案です。私なら即採用です。

しかし、問題はここから。

では、交通費の手当の上限をなしにすると、その分経費が増えます。当然です。そして、増額する経費分の売上を実際に提案者に上げてもらいます。それができなければ、手当の上限も撤廃しません。それはそうですよね？　会社のお金は無尽蔵に湧いて出てくるものではありません。有限です。であれば、使うことばかり考えられても困ります。使いたいなら増やすことを考えてから。ない袖は振れません。

こういうことを教育していくと、自分の不満が如何に無理難題であるかを社員も学習します。経

【図表 14　改善提案】

環境整備ココが変わったで SHOW！

件名：　外部の方が見える時のために事業所ごとに看板を用意する。

内容：各事業所にカフェ風の黒板調立て看板を用意する。
使用するのは環境整備点検と外部の方が見えるとき。

Before　→　After

≪改善コメント≫

：第四サイクルから外部の方が環境整備点検に同行する。
また、会社説明会でも各事業所を内定者の方が見学に回ることがある。
その際、事業所に個人名を挙げて歓迎するようなウェルカムボードがあればホスピタリティが増すでしょう。

【参照元会社名】：　放課後等デイサービス事業所ひまわり
【参考文献、URL、場所】
事業所見学時の同様の看板で歓迎されたこと。

	評価者	評価
日付	平成　29 年 7 月 7 日	B
評価者	吉武文彦 ㊞	
提出者	森嶋　量俊	

	評　価　基　準	改　善　実　施　日
特定非営利活動法人 バウム カウンセリングルーム	S、粗利益、営業利益があがった。 A、継続する仕組みが出来た。 B、そのままパクった。 C、現場で判断して良い。	2017/6/28

営者はこういう手間を惜しんで「そんなの無理に決まっているだろ」と頭ごなしに否定するから、社員の不満が溜まるのです。自分の頭で考えさせ、体験させなければ納得できません。

改善提案の感想

「最近は少し自分に余裕が出てきたこともあって改善提案をもっと出そうと考えています。２事業所体験しているからこそ考えられる改善案もあるだろうし、ホタルがもっとより働きやすい環境になるように私も何か改善していけたらいいなと思います！　現場職員でも職場環境を変えていける仕組みがあることは、より自分のモチベーションにも繋がるので、これからは積極的に改善提案を考えます！

（２年目　営業サポート　生頼　英里香）

7　毎週の勉強会は経営者が行う

人材教育とは、「経営者と社員が価値観を共有する」作業だと繰り返し述べてきました。つまり、経営者の価値観を教育するための勉強会は必須です。しかも、この勉強会は経営者自らが講師を務めないと意味がありません。バウムではこの勉強会（方針勉強会）を７年以上ずっと休まず続けています。しかも、全社員が就業時間中に受講するため、同じ内容を１週間の内に３回行います。つまり、社員は週に一度、１か月に４回受講しますが、私はその３倍の12回講師を務めています。

【図表15　方針勉強会】

勉強会は専用のシステムを導入し

各拠点毎に中継をしています。

全社員に受講してもらうためには、お金を惜しまない。

皆さんの中には、「毎週勉強会の講師なんて、そんな時間はない！」と思われるかもしれませんが、それは嘘です。時間がないのではなく、面倒くさくてやりたくないだけです。何故なら、実際に私がこの7年間一度も休むことなく実施できているからです。

自分で言うのもなんですが、私のスケジュールは異常です。1日15時間は働きますし、年に20日くらいしか休みはありません。それでも、週に3回の勉強会はこなします。1年先の勉強会のスケジュールも決まっています。繰り返しますが、経営者の価値観を共有するのは、人材教育における最優先事項です。経営者にとって、これより重要な仕事もなければ、優先させるスケジュールも存在しません。

8　実際に起こったことを題材に解説する

方針勉強会では、経営計画書と方針勉強会教材の2種類を使用します。この7年間教材の内容は変わっていません。

何故なら、一度や二度教えたくらいでは理解できないからです。繰り返し繰り返し同じ教材で、同じ話をし続けます。しかし、それだけでは飽きてしまうので、先輩社員の失敗談などを織り交ぜながら面白おかしく解説をします。

例えば、「失敗：初めてのことは誰しも失敗をする。やる気に正比例する。失敗は避けるべきものではない。逃げるものではない。そこから何かを学ぶのです。1回目は一歩前進です。2回目は確認です。3回目はバカです。同じ失敗をしてはいけません。自分自身が気にするほど他人はあなたの失敗を気にしていない」という項目の解説時には、「港エリアの加藤部長は、入社してすぐに会社の車を運転していて、私の車にぶつけて傷を付けた。失敗は避けるべきものではない、と教えているから私も怒らなかった。あのときは中古車だったからよかったけど、今私の車はお気に入りの新車なので、できれば傷つけないでくださいね」と話します。

自分の上司もこんな失敗をしたんだ、とわかれば上司への親近感も増します。そして、そういう失敗を繰り返して、実際に昇進し優秀な社員に成長したのだと、リアリティーも増す。

勉強会の感想

①お疲れ様です！　勉強会ありがとうございました。一番印象的なのは『ダメージ』です。できませんの一言って怖いなあと思いました。できませんと言えば言うほどチャンスは他の人に回ってしまい、どんどん実力に差がついてしまうことがわかりました。まずはできるかできないかを考える前にやります！　と答えるようにします。チャンスは全部自分のものにしたいです！

（4年目　就労継続支援B型勤務　柴山　佳純）

②方針勉強会ありがとうございました！　今回は変化に関する情報が多かったので、1つではなく全体の感想になります。バウムに入社してからたくさんの変化がありました。会社としては新規事業も始めず、新しいことをやらないと決めた年でしたが、僕にとってはすべてが新しいことばかりで、自分自身にも変化の多かった1年だったと思います。先日の内定者研修で『コミュニケーションは質より量』と内定者の方に話をさせていただきましたが、僕はいつの間にか方針に沿った考え方になっていることに自分自身初めて気づきました。正直今まで人に合わせることがなく、我が道を行っているタイプだったので、我流で生きてきたところが大きいと思います。しかし、バウムに入ってからこんなにも変われたのは、これまで理事長が築き上げてきた方針のお陰なんだと、あらためて実感しました！　ありがとうございます！

（2年目　営業サポート勤務　神田　智行）

③本日は勉強会を開催してくださりありがとうございました。１６０番の『変化』についてです

が、私の今年の目標は給料を上げることです！　そのために自分を高めるために日々変化をしています。お客様のために変わることも恐れません！　自分のできることを増やして成長し、異動も体験していきたいです。

（2年目　グループホーム勤務　森　遥香）

④お疲れ様です。方針勉強会ありがとうございました。私は79番の『限界』で話されていた、若い世代とのギャップについてです。確かに私が入社したときと今採用している就活生の方とは考え方や志望理由が違うなと改めて思います。やはり売り手市場という中で、私としても面接では学生を選ぶというよりも、選んでいただくという気持ちで行っております。なので説明会のアンケートを元にどういう方なのかイメージして質問や伝えたいことをわけております。今年度もまだまだ頑張ります！（5年目　教育支援事業所長　萬羽　徹）

⑤方針勉強会ありがとうございました。今回私は『欠点』を選びました。自分や他の人にもそれぞれ欠点というものがあり、一緒に働いているとどうしてもその欠点が気になってしまい、イライラしたりすることがあるのですが、理事長がおっしゃっていたように人の性格は直らないものなので、人の欠点に関してはなるべく無視して、人のいい所を見て接していきたいと思います。

（4年目　グループホーム勤務　柴田　晃英）

⑥お疲れ様です。方針勉強会ありがとうございました。代表の話はいつも夢のあるお話ばかりで、聞いていてワクワクした気持ちになります。自分も周りの人に、そのようなワクワクした明るい気持ちになってもらえるような人になります！

（3年目　グループホーム勤務　安地　里紗）

9　毎月上司と部下は面談を実施する

社員は仕事を通して、様々な悩みや壁にぶつかります。こういうとき、彼らは誰に相談するでしょうか？　上司ですか？　違います。少なくともバウムでは、自発的に上司に相談してくれる社員はあまり居ません。大抵は次の内いずれかでです。

①自分で抱え込み、やがて爆発する
②同期に相談する
③社外の友人に相談する

では、ここで質問です。社員は自分で抱え込んで、解決できると思いますか？　そもそも自分で考えて解決できるものを「悩み」とは言いません。悩みとは、今の自分の知識や経験では解決できないから「悩み」なのです。

では、同様に同期や社外の友人に相談するのはどうでしょうか？　悩みを他人に話すことにより、一時的には気持ちが楽になるでしょう。しかし、根本的には解決はしません。なぜなら、同期も友人も同じくらいの知識や経験しかないのだから。同じレベルの人がいくら集まっても、解決できないものは解決しないのです。

では、どうすればよいのか？　答えは簡単です。自分よりもレベルが高い人に相談すればよい。

それが「上司」という存在です。

10 「上司」に相談するのは怖い⁉

悩みは上司に相談するのが一番手っ取り早い。そう教えても、社員はこう考えます。

「そうは言っても、いざ相談しようとしたら嫌な顔されるのでは…」

「そんなことでいちいち相談に来るんじゃない！　と言われるのでは…」

「できない奴と思われて、評価が下がるのでは…」

そこで、バウムでは「上司の仕事として」月に一度の部下との面談を義務付けています。普通の会社では、部下が上司に「相談に乗ってください」と声を掛けなければいけません。

しかし、バウムではその逆。上司が部下に「面談をさせて」と言いに来ます。上司は部下との面談を怠ると評価が下がります。だからどんなに忙しくても、部下の面談を行わなければいけないというルールなのです。

11 面談が上司の説教大会にならないために

部下が上司との面談を嫌がる理由はもう1つあります。それは、上司の「俺の若いときは…」という話が大嫌いだからです。上司の「ありがたいお話」ほど、部下にとって「ありがた迷惑な話」はありません。

そうならないように、面談にもルールがあります。まず、面談時間は30分間。これ以上長くなるのであれば、一度打ち切ります。就業時間に行うので、時間は厳守です。そして、最初の10分間は「評価シート」に基づいたチェック。自分の成績が今どれくらいなのか、あとどれだけ頑張ればいくら給料が上がるのかをチェックします。その後の5分間で「自己アピール」をしてもらいます。1か月間で頑張ったこと、意識したことをひたすら話してもらう。このとき、上司は一切口を開いてはいけません。相槌を打つのみです。そして、残りの時間はフリートーク。このときも、上司は基本的に聞き役です。面談終了後は、上司による現場同行です。

面談時、仕事の悩みがあれば実際の現場でOJTを行う。さらに、上司は部下に対して現場でOJTを20回以上行わなければいけないというルールもあります。なので、上司から部下に「仕事を教えさせて」という。普通の会社とはすべてが真逆です。ここまで仕組みが徹底しているから、部下も安心して悩みを打ち明けることができます。

12 チーム活動は向上心を育てる

バウムには職場環境改善のためのチーム活動があります。このチーム活動はそれぞれの目的に応じて参加者を立候補で募ります。そして、その中から数名が選出され活動を行います。もちろん活動自体は就業時間中に行われるのですが、通常業務の傍らで行うので、チームメンバーには賞与査定がプラスになるというメリットがあります。

チームは全部で６チーム。

６つのチーム

①新卒採用チーム：文字通り新卒採用全般を行うチームです。会社説明会の運営から内定者研修の企画・立案、新入社員のフォローアップ等多岐に渡ります。

②方針共有チーム：法人内勉強会及び研修の企画、レジュメ作成等を一手に引き受けます。

③見える化促進チーム：給与体系や、各事業所の数字等を見える化し、モチベーションの上がりやすい仕組みをつくるチーム。

④働き方改革チーム：育休・産休への理解促進や、女性管理職が活躍できる職場づくり等を行います。

⑤ＩＴ化促進チーム：法人内のバックヤードを徹底的にＩＴ化することを目的にしたチーム。

２０１７年度中部ＩＴ経営力大賞　奨励賞や２０１７年度攻めのＩＴ中小企業経営１００選等の経済産業省の表彰を受けました。

⑥お客様開拓チーム：主に広報を担当し、ＨＰの更新や社内報の編集等を行っています。

バウムの人材教育の根幹をなす大部分は、実は会社の幹部クラスが実施しているのではなく、そのほぼすべてを現場社員が集まったチーム活動で行っているのです。だからこそ、社員教育には全社員積極的に協力をしてくれるし、モチベーションもおおいに上がります。

スポーツ大会・チーム活動の感想

①スポーツ大会ありがとうございました！　初めて運営側に回って、萬羽さんと何度も何度も試行錯誤しながら考えた企画で、参加していただける職員や内定者の方、ご家族の方に満足していただけるか不安でしたが、皆さんの笑顔が多くみられたので安心しました。バウムの会社行事は普段働いている職員の方だけでなく、内定者の方やご家族の方も参加できるところがいいところだと思います。次のイベントも楽しみにしています！　ありがとうございました！

（3年目　就労継続支援B型所長　新海　佑奈）

②スポーツ大会の承認ありがとうございました！　いかがでしたでしょうか⁇　今回は内定者の方もそうですが、職員のお子さんも参加するので、企画を考えるのが少し大変でした。お子さんも職員も楽しんでいただけたようで何よりです！　ただ内定者に対して職場の雰囲気や先輩職員のことを少しでも理解していただけたと思いますが、特別フォローできたか目に見えて感じれなかったのが反省点です。採用担当として今後の内定者フォローを含め、産休育休について制度促進、普及に努めます！

（5年目　教育支援事業所長　萬羽　徹）

③今日はチーム活動の企画で、男性職員意見交換会を開催しました。男性職員の子育て経験談を

【図表 16　スポーツ大会・会社説明会】

【図表 17　ＩＴ表彰式】

「攻めのIT経営銘柄 2017」
「攻めのIT経営中小企業百選2017」
発表会

2017年
攻めのIT経営中小企業百選
特定非営利活動法人
バウム カウンセリングルーム

メインにと考えていましたが、結果介護や家庭の事情も含めて、経験のない職員にも考えてもらう良い機会になったのではないかと思います。みんなで意見を出し合い、考えていくべき課題が見えてくるとこの活動もまだまだだなと実感します。引き続き萬羽所長ともっと働きやすい環境をつくっていけるように考えたいと思います!!（5年目　就労継続支援B型所長　鷲田　友里江）

④本日はチーム活動のお茶会イベントに顔を出していただき、ありがとうございました！　初試みでしたが、皆さん和気あいあいとご家庭の話などお話されていてすごくいい雰囲気で開催できたと思います。会社イベントに参加してもらう中でも、こども法人見学会やスポーツ大会などもそうですが、家族同士で気兼ねなくゆっくりと話のできる環境を提供したいと思っています。次回も計画して、男性独身メンバーにも協力してもらい運営していきたいと思います。

（5年目　就労継続支援B型所長　鷲田　友里江）

⑤チーム活動のアセスメントありがとうございました！　今回もメンバーとして選んでいただけたことがまず嬉しかったです。今回の上期の実行計画内容も本当にワクワクドキドキする内容になっていて、にやにやが止まりません。自分がやりたいことに加え、新しい企画にも携わらせていただけることになって、本当に嬉しかったです！　本格的に経営支援事業が始動するのですね!!　自分にとってはチームの仕事は夢が無限に詰まっていて、楽しさしかありません。早く理事長のページをつくりたい!!　待っていてください！（5年目　就労継続支援B型所長　新海　佑奈）

13　感謝をカタチにする

バウムの社員はとても仲が良い。公私共に良い仲間です。そんな彼らの仲の良さに一番貢献している仕組みが「サンクスカード」という制度です。これは、名刺大のカードに感謝の気持ちをメッセージにして書き込み、相手に渡すというものです。

このカードは、全社員が対象なので、同僚同士、上司から部下、部下から上司に渡しても構いません（現在は「Thanksgift」というアプリを使用しています）。

サンクスカードで重要なことは、些細なことを見つけて褒めるということです。書類を取ってもらったとか、買い出しに行ってもらったとか、そんなレベルのことでいい。大きな感謝は、そうそうできるものでもありません。しかし小さなこと、些細なことであれば毎日あります。そして、感謝は思っているだけでは伝わりません。伝えない感謝、伝わらない感謝が人間関係をぎくしゃくさせ、働きにくさを生み出します。であれば、感謝をカタチにするしか手はありません。大量の「ありがとう」が職場に飛び交えば、社内も明るくなり、人間関係も良好になります。

しかし、小さなことに感謝をするというのは、意外に難しいものです。実際、バウムでもサンクスカード導入当初は全くはやらなかった。社員に聞くと、「何を書いてよいのかわからない」「感謝することが見つからない」。

どうして小さなことを見つけられないのか？　それは、当時の社員の「感性が鈍かった」から。しかし、感性の鈍さは悲観するものではありません。感性は磨けばどんどんよくなります。感性を磨く一番の方法は、優秀な人の真似をすることです。そして私は、まずは自分が率先してサンクスカードを全員に渡すことにしました。どれも小さなことです。さらに渡すときにこう付け加えました。

「同じ内容で、私にサンクスカードを書いて」

こういう積み重ねが感性を育てます。一番多いときには、１人で1か月１０００枚以上書いた強者もいました！

このカードのお陰で、お客様や学生から「バウムは社内の雰囲気がとてもよい」と褒めていただけるようになりました。

サンクスの感想

①いつもありがとうございます。毎日お疲れ様です。サンクスコインという仕組みを取り入れてくださり、ありがとうございます。気軽に『ありがとう』を伝えられる仕組みは本当にステキです。今自分がみんなにもらったコインを読みながら、すごく嬉しくなり元気になり、明日からも頑張ろうという気持ちがメキメキさらに湧いてきました。やはりどんな些細なことでもコミュニケーションを取って、ありがとうと言ってもらえることは嬉しいですね。そして私も誰かを喜ば

せることのできる人になりたいと思いました。なので、今期は昨年よりもみんなに沢山のありがとうを伝えて喜んでもらえるように頑張ります！　（5年目　営業サポート所長　池田　綾香）

②昨日は誕生日に合わせて代休をいただきました。ありがとうございました！　ご配慮いただいた堀部長にもとても感謝しております。サンクスギフトで多くの職員からメッセージが届き、もう30歳手前なので複雑な誕生日ですが、とても嬉しい気持ちになりました。このツールの重要性を改めて実感し、リアルタイムで届くメッセージに心が温まりました。一言でも感謝やお祝いの言葉を伝えるということが、いかに人の心に届くか実感できました。同僚や上司へのプラス一言の声掛け、意識していきたいと思います！　（5年目　就労継続支援B型所長　鷲田　友里江）

③懇親会をありがとうございました。懇親会中に新車を購入したというお話をさせていただきました。自分のお金でする人生最大のお買い物です！　代表の鞄持ちをしたときには中古で買おうかと悩んでいたのですが、帰り際の質問のときのお話で、車も思い切っちゃっていいかな、と考えるきっかけになりました。結果思い切ってよかったです！　なんだか大人だ、という気持ちになりました。こんなお買い物ができるのも、バウムで働かせていただいているお陰です。ありがとうございました!!　（4年目　就労継続支援B型勤務　辻　菜摘）

④賞与支給日のお知らせ、ありがとうございました！　本当にこのお知らせが来るのを楽しみで、楽しみで仕方がなかったです。賞与を貰ったら、代表の誕生日プレゼントを購入するとともにコンタクトレンズにかえてきます！　未来のために!!（4年目　就労継続支援B型所長　新海　佑奈）

第4章　遊んで社員を育てる

1　「いい会社」とはどんな会社か

社員にとって、「いい会社」とはどんな会社のでしょうか？　一般的に「いい会社」の条件と言えば、「数字が大きい」ことが挙げられるのではないでしょうか。

例えば、売上が５０００万円よりも50億の会社のほうが「いい会社」。また、従業員数が30人より３００人の会社のほうが「いい会社」。

もちろん、こういう数字や会社の規模を基準にすること自体はおかしなことではありませんし、間違っている訳でもありません。

しかし、同時に誰もが知っている大企業でも、社内でパワハラやサービス残業の強要などが横行し、社員が次々に心を病んでいくという話はよく聞きます。

そういう会社で働き、沢山の給料を貰えたとしても、それだけで果たして「いい会社」だと評価できるでしょうか。

反対に、生活をするには十分な給料を出し、人間関係は良好で、ライフワークバランスをしっかり考慮してくれるような会社であれば、たとえ会社の大きさは「そこそこ」でも、それは「いい会社」だと評価できるのではないでしょうか。

2　経営者はまず「社員満足」を追求するべき

先に述べたように、働く社員にとって「いい会社」の条件とは、社員満足度の高低によるところが大きいように思います。しかし、ここに経営者と社員にとっての大きな「誤解」が生じます。経営者は、「社員満足を高める」＝「高い給料や福利厚生の充実」を真っ先に思い浮かべます。しかし、今の社員は本当にそれが一番なのでしょうか。

これは私の経験なのですが、６年前に初めて新卒採用を行ったとき、当時の学生に一番響いた言葉は「１年以内に幹部になれます」でした。実際、今のバウムの幹部は半分以上がこの当時の新卒です。しかし、３年目になると「堅実なキャリアプランと教育制度があります」が一番響いた。そして、最近の学生には「バウムでは失敗を評価します。安心して失敗をしてください」です。

年を追うごとに求職者の志向は「給料の高さ」ではなくなってきた。現に、最近の新卒に「バウムに決めた理由は？」と聞くと、ほぼすべての社員がこう答えます。「会社の雰囲気が良さそうだったから」。

時代の変化とは、こういうことです。経営者が考えるよりも給料の額はたいして問題ではない。むしろ、それよりも「社内の人間関係」や「雰囲気」のほうが何倍も重要なのです。しかし、これは一大事です。よく考えて見てください。給料の額が問題ならば、いっそわかりやすい。求人情報の給与欄の数字を上げればよいだけですから。しかし、「会社の雰囲気」と言われると途端に困ります。どうやれば伝わるのか？　そもそも、会社の雰囲気を良くするためには、何をすればよいのか？

3 「強制的に」同じ時間を共有する

この答えは、「質よりも量のコミュニケーション」です。

勉強会でも研修でも社内イベントでも何でもよい。とにかく上司と部下のコミュニケーションの時間を1時間でも1分でも多く取ること。

家族と居ると居心地が良い、親友と居ると楽しい、部活は楽しかった、趣味の集まりは飽きない。誰もが同じ気持ちだと思います。では、会社は？　親友と居ると楽しいのに、趣味の集まりは飽きないのに、会社は楽しくない。確かに会社は辛いことや大変なことが多い。けれど、それは部活だって同じはずです。

では、部活と会社の違いは？　答えは簡単。部活の仲間とは、部活以外の時間でご飯を食べたり、遊びに行ったり、趣味を語り合ったり、多くの時間・場所を共有したからです。であれば、会社も同じようにすればよい。経営者と社員がご飯を食べたり、遊んだり、趣味を語り合えば、会社も「楽しい場所」になります。

4　「懇親会は原則参加」が会社の方針

バウムは1年を通じて懇親会や食事会がとても多い会社です。

現場社員は、少なくとも2か月に1回事業所懇親会があり、平均すると月に2～3回くらい、いずれかの懇親会に参加します。しかも、懇親会だけではなく、バーベキュー大会等の社内イベントも多い。

そして、バウムのすべてのイベントは、（正社員は）原則参加しなければいけない（やむを得ない事情を除く）、という方針があります。

この話をしていると、色々な方から否定的なご意見をいただきます。

「最近の若い人は飲み会に参加したがらない」「そんな会社に若い人は入社してくれない」等々。とにかく、「最近の若者は会社の行事が嫌い」という印象があります。

しかし、本当にそうでしょうか？　少なくともこんな懇親会の多い会社に、毎年10名弱の学生が入社してくれ、その全員が「懇親会があって良かった」と言っています。ちなみに、懇親会の参加率はすべてほぼ１００％です。さらに言えば、新卒の定着率はこの5年間で8割以上です。

「今日はＢＢＱ大会ありがとうございました！　抜群の晴天でとっても楽しむことができました！　久しぶりにお会いすることができた先輩方や同期とたくさんお話することができ、あっという間の時間でした。たくさん食べてたくさん笑ってたくさんお話して満足しかありません！　みんなが笑顔ってほんとに素敵ですね」

これが、入社したばかりの社員の感想です。

5「飲み会」を嫌がる若者

しかし、実際には「懇親会を開いても参加率が低い」、「誘っても断られる」という話はよく聞きます。そういうときの若者の言い分はこうです。

「自分の時間を使って、上司のご機嫌取りなんてしたくない」

「仕事が終わった後まで、上司の説教なんて聞きたくない」

要するに、会社の飲み会は面白くないのです。面白くないことは、自分の時間を使ってまでやりたくないに決まっています。

最近の若者は愛社精神がないとか、組織への帰属意識が薄いとか言われていますが、全く的外れ。彼らにだって、自分が所属している会社や組織や、地元や仲間を大切に思う気持ちくらいあります。ただ単純に彼らが愛着を持つほど組織が、会社が魅力的でないだけです。

その証拠に、彼らも学生時代はサークルの飲み会は大好きだったはず。会社とサークルの飲み会の違いは何ですか？

なぜサークルの飲み会は良くて、会社の飲み会は嫌なのか。

サークルにだって上下関係はあります。先輩の前では多少気も使うでしょう。それでもサークルの飲み会は積極的に参加します。

理由は簡単。「楽しいから」。

楽しいことには参加したい。

楽しくないことには参加したくない。

いたって普通の考え方で、そこに世代間ギャップなんてありません。しいて言うならば、そういう気持ちを発信する機会が最近の若者には沢山ある、ということです。「楽しくないことには参加したくない」とマスコミはこぞって若者の気持ちを代弁します。しかし、これは今の若者に限った話ではありません。いつの時代でも、いいえ「どの世代でも」面白くないことに自分の時間を使うのは、嫌なのです。

しかし、一世代前の若者はその気持ちを公に発信する機会がなかったので、右に倣え（みんなが我慢しているから）で我慢してきた。今の世代は、「いやだ」と発信できるから、右に倣え（みんながそう言っているから）で我慢しない。それだけのことです。

そして、中高年は…、楽しいですよね。若者相手に仕事の愚痴を言ったり、どや顔でうんちくをたれたり、「俺の若いときは」自慢をしたり。若者がそれを「なるほど～」と気持ち良く頷いてくれれば、本当に最高の気分。

6 懇親会は「上司が部下を接待する場」

では、バウムのイベントはなぜこんなにも参加率が高いのか。それは、バウムのイベントは「上司が部下を接待する場」と決めているからです。普通は逆です。

「上司は飲み会の上座でふんぞり返って、コップが空けば部下が注いでくれる…」

私はバーベキューをやれば、自分で火をおこし、自分で肉を焼いて、部下にあげます。居酒屋に行けば、サラダや料理を取り分けます。イベントの度に、何をすれば部下が喜んでくれるか、いつも幹部とサプライズを考え、企画し、実行します。幹部にも、イベント中は部下を座らせて、自分が動きなさい、と指導しています。イベントを盛り上げない幹部は、幹部失格とまで言い切ります。そして、部下の話を聞き、褒めて、褒めて、感謝の気持ちを伝えます。イベントや懇親会が終わった後は、誰よりもヘトヘトです。

経営者や幹部は、現場の社員が居てくれるから、幹部であり経営者なのです。現場の社員に対して感謝を忘れてはいけません。懇親会や社内イベントは感謝の気持ちを伝える絶好の機会であり、間違っても上司の自尊感情を満足させるためのものではありません。

社内イベントでは、現場の社員がどうすれば楽しんでくれるかをいつも考えているので、バウムの「若者」は、社内イベントが大好きなのです。だから、社内の雰囲気も良くなるので、さらに若者が沢山入社してくれるのです。

イベントの感想

①お疲れ様です！　代表のおっしゃるように、バウムのイベントは本当に楽しいです。楽しいから参加したくなりますし、次も参加したいって思えます！　いつだって『楽しい』という気持ちを大切にしているバウムだからこそだと思います。そして何より所長や部長の方々、代表と近い距離でお話できるのがとっても嬉しいです。毎回場を盛り上げて話かけていただいたり、本来ならば私たちがそういうことをしなければいけないのに、バウムは逆であるから新卒までも心から楽しめて、参加して良かったと思えるのだと思います！　楽しいイベントの後は、明日も頑張ろうって活力になります！　改めていつもありがとうございます!!

（２年目　グループホーム勤務　成瀬　明奈）

②お疲れ様です。部下の理解度テストありがとうございました。今回初めて参加させていただき、どんな雰囲気なのかな～どんな問題が出るのかな～とドキドキしていましたが、やはりバウムの行事は毎回幹部の方が率先して場を盛り上げて、笑顔が溢れる時間にしてくださるので、本当に楽しい時間を過ごさせていただきました。これからもコミュニケーションを大切にして、仕事に取り組んでいきたいなと思いました。

（２年目　グループホーム勤務　安地　里紗）

③新入職員懇親会ありがとうございました！　まずは自己紹介のアイスブレイクでもと考えてい

たのですが、その必要もないぐらい盛り上がっていて安心しました。それもこれも代表が話やすい雰囲気をつくってくださっているお陰だなあとしみじみ感じました。最後にそれぞれに一言ずつお話をいただき、さらに頑張っていこうと思えました。これからもよろしくお願いします。

（2年目　相談支援事業所長　渡辺　麻未）

④10月18日はランプ懇親会の開催日でした。ところで、ランプの職員間の絆はますます強くなっているという印象を僕は抱いています。どの事業所よりも職員は仲睦まじく、結束力に溢れていると。それがランプ管理者としての僕の何よりの自慢です。そして、ランプの皆に感謝していることでもあります。僕は、ランプ事務所に居ることが楽しくてたまらないのですが、それは間違いなく、そうしたみんなの姿を見ることができ、僕自身が朗らかな気持ちにさせられるからなのだと思っています。

（3年目　就労継続支援B型所長　三嶋　克弥）

⑤本日は新年会の開催ありがとうございました。座禅を組んで行う新年会も恒例となりましたね。新年会を始めとした他事業所の方とコミュニケーションを取るイベントがあるおかげで、社内で『この人の顔は知っているけど名前は知らない』『知ってるけど話したことがない』ということがなく、バウムではそれが当たり前となっていますが、他の会社ではなかなかそうはいかないと思います。職員同士のコミュニケーション量を増やす仕組みがあるから、社員同士が仲良く離職率を低く保つことができるのだと思います。今年もバウムで1年間頑張りたいと思います！　改めてよろしくお願いいたします。

（5年目　グループホーム勤務　小林　真一郎）

【図表 18　懇親会】

7　事業所対抗！　部下の理解度テスト

バウムでは、上司と部下の「縦の繋がり」をとても大切にしています。先述したように、社員は仕事をする中でいくつもの壁にぶつかり、それを解決できるのは先輩や上司などの「自分よりレベルが高い」存在だけだからです。そこで、上司は部下と必ず月に一度の面談を行う、と書きました。

繰り返しますが、社員は自分から上司に相談を持ち掛けることはなかなかできませんので、上司のほうから部下に「面談をさせて」と言う時間をつくるわけですが、それでもまだこう考える社員が居ます。

「いざ面と向かうと、緊張して話せない…」

こういう猛者のために、私はさらなる仕組みを考えました。それが、「事業所対抗！　部下の理解度テスト」です。このイベントを一言でいえば、文字通り「部下のことをどれだけ理解しているかをテストする」イベントです。

事業所ごとにチームになり、トーナメント方式で優勝を決めます。ゲーム自体は次のようにすすめます。

①まず部下がくじを引く

②引いたくじに「テーマ」が書かれている（例えば「趣味」「最初の配属先」等）

③そのテーマの答えを上司と部下がそれぞれ相手に見えないようにフリップに書く
④同時にフリップを出す
⑤書いた答えが同じなら得点が入る
⑥各部下と同じことを繰り返し、最終的に得点の多いチームが勝利

どこにでもあるクイズ番組のような形式です。問題は多岐に渡ります。簡単な問題だと、「血液型は？」「星座は？」「嫌いな食べ物は？」「最初の上司は？」「昨日食べた夕ご飯は？」等。難しい問題だと、「地球最後の日に一緒に居たい人は？」「自分を文房具に例えると？」「飼っているペットの名前は？」…。超サービス問題で、「氏名を漢字で書け」「生年月日は？」です。もう一度言いますが、「部下の誕生日くらいは超サービス問題」です。

とはいえ、難しい問題も沢山あるので、ヒントルールもあります。
①３択（部下が正解と他に２つ不正解の答えをフリップに書き、３択にして上司が答える）
②オーディエンス（答えを知っていそうな観客を指名し、代わりに答えてもらう）
③テレフォン（私と何人かの上司の中から１人選び、電話をかけ答えを聞く）

このイベントは半期に一度あります。恐らく、バウムの数あるイベントの中でも一、二を誇る超人気イベントです。

しかし、このイベントの重要な部分は「みんなが楽しむ本番」ではありません。

その前。そう、前日までがこのイベントの一番重要な部分なのです。詳しく説明しましょう。

8 「本番の前日まで」で目的は達成

このイベントの優勝賞品は、もちろん「賞与の査定アップ」です。どうですか、勝ちたいですか？
当然、社員は全員「勝ちたい！」と考えます。では、勝つためにはどうすればよいか？ もう一度このイベントのタイトルを書きます。このイベントは「事業所対抗！ 部下の理解度テスト」です。勝つための方法は、ただ1つ。

「上司が部下のことを理解する」

理解度テストが近づくと、まず各事業所では予想問題の作成が始まります。もう何度も経験している社員は、ある程度予想ができます（とはいえ、主催者側も毎回知恵を絞って少なからず問題を変えています）。そして、その予想問題を元に上司と部下がこれでもかというほどコミュニケーションを取り始めます。ここが重要です。賞与アップのために、

「上司は部下のことを知りたい」

「部下は上司に知ってもらいたい」

お互いの利害が見事に一致しました。面談では緊張して話せなかった悩みも、こと「賞与査定」が関わるならば話は別。勝つためには社員も四の五の言っていられません。今まで話せなかった悩みも不満も「勝つために」共有する。そうして初めて上司は「そんな悩みを抱えていたのか。早く

言ってくれればよかったのに」と言い、部下も「こんなにしっかり受け止めてくれるなら、すぐに相談すればよかった」と笑顔になる。そして見事優勝して、ボーナスアップで万々歳！　こういうのを「ゲンキン」と言う。

9　動機は不純でよい

「賞与査定をエサにするなんて、ふざけている！」と思いますか？　断言しますが、動機が不純でも結果が出れば、それは正しい（もちろん法に触れることは問題外です）。私も経営者の端くれです。いくら何でも、ただクイズイベントをやるためだけに給料を出している訳ではありません。そこには明確な目的があります。それは、仕事の中（面談など）や真面目な雰囲気では言えないことを、ゲーム感覚でもよいので、上司に相談できるようにする、ということ。

結果的に、部下はイベントで自分のことを覚えていてくれることを喜び、上司の株も上がり、勝てば懐も温かくなり、負けても絆が強くなる。イベント１日分の人件費の費用対効果としては、これ以上ないくらいの成果です。

理解度テストの感想

①お疲れ様です。今日は部下の理解度テストの開催、ありがとうございます。昨日は今日と来週

【図表 19　部下の理解度テスト】

のイベントに向けての打ち合わせとして、面談同行と食事会をしていただきました。理解度テストは負けてしまいましたが、1問自分の正解があったことが、所長とのコミュニケーションが取れたことの証で嬉しかったです。気持ちが温かくなりました。素敵なイベントをありがとうございました。

（4年目　就労継続支援B型勤務　中川　利恵）

②今日は部下の理解度テストありがとうございました！　正直、めちゃめちゃ楽しかったです!!　さんざんネタチームと言われ続けてきた本社が、神がかった展開で決勝に進んで謎の感動がありました(笑)。決勝戦の時間ぴったりに間に合わせる代表が超カッコよかったです！　思わぬガチバトルで本社の一体感を感じることができました。何でも一生懸命やると面白いんだなと改めて思いました！　ぜひ次は優勝を目指しましょう！（4年目　グループホーム勤務　松田　卓哉）

③部下の理解度テストお疲れ様でした。いつも初戦敗退のつくしにとって初の2回戦はとっても嬉しかったです。惜しくもじゃんけんで負けるとは…まあこれが今のつくしの実力ですかね。なんだかんだ言ってもやはり負けるのは悔しいですね。でも嬉しかったことが1つあります。なんと加藤部長が全員の誕生日を覚えてくれたんです。やっぱり私の上司はやればできる上司でした！
（3年目　グループホーム勤務　佐藤　美由紀）

10 「上司と部下の食事会」は会社が負担する

社員の定着率を上げるためには、社員のプライベートに踏み込んで、コミュニケーションを取り続けることです。そのためにも、バウムでは様々な取り組みを行い、年間3000万円以上を費やしています。その中の1つの取り組みとして人気の仕組みは、「上司と部下の食事会（通称サシのコミュニケーション＝サシコミ）」です。

このサシコミにはいくつかのルールがあります。

①上司は部下を突然誘ってはダメ。部下にも予定があります。サシコミはあくまで部下と前向きなコミュニケーションを取ることなので、無理やり誘っては意味がありません。事前にスケジュールをお互い調整しておく必要があります。

②上司には「コミュニケーション手当」を毎月支給します。ただし、支給の条件は領収書の写真を撮って、総務に提出することです。

③サシコミはサシ（1対1）のコミュニケーションですが、異性の場合は1対2で行うこと。人材定着のためのイベントなのに、いらぬ火種をまいては意味がありません。

④部下のためのイベントです。部下の行きたい所でなければダメ。

しっかりルールを決めれば、部下も安心してついて行くことができます。上司もあの手この手で部下を楽しませる。食事会をする上司もいれば、カラオケに行く上司もいます。時にはゲームセンターに行ったり、宝くじを買いに行ったりする社員もいました。サシコミは普段現場で一生懸命働いてくれている部下への感謝を伝える大切な日です。だから部下も楽しみにしている。同じ飲み会でも、上司の昔自慢を聞いてご機嫌を取るか、逆に上司から接待されるのかで、部下のモチベーションも全く違ってきます。

11　「失敗」が表彰される⁉

バウムの表彰制度が多いことは、先に述べました。しかし、その中で一風変わった表彰がありま す。それが、「失敗賞」です。

失敗賞は、「大失敗賞」「中失敗賞」「小失敗賞」に分かれており、1年に一度それぞれ1名ずつが表彰台に上ります。この表彰の目的は、「失敗から学ぶ」いうことです。事前にノミネートされた失敗体験の中から、私が選抜します。

私は常々「失敗からしか人は成長しない」と言い切ります。失敗の反対は、「成功」です。成功からは「自信」を得る。そして、成功し過ぎると「自信」は「過信」に変わります。

だから、成功はほどほどでよい。

では、失敗はどうでしょうか？

失敗をすると、「なぜ失敗をしたのか」を考える（原因）。原因がわかれば、「では、同じ失敗を繰り返さないために何が必要か」を考える（対策）。

この「必要な何か」が、即ち「成長」です。対策を考えることで、今までの自分になかった知識や価値観、経験等を得ることができるからです。

【図表20　３月の森嶋部長サシコミ写真】

12　「失敗」は怖い

私は内定者に必ず「沢山失敗をしてください」と伝えます。しかし、実際内定者の胸中は「失敗は怖い。だって、結局叱られる」です。我々は、幼い頃からとにかく「失敗」を怒られてきました。そして、「成功」は褒められてきました。しかし、本当は「失敗」こそ褒めるべきなのです。何故なら、失敗をするということは、「新しいことにチャレンジした」証だからです。

昨日と同じことを今日も行っていれば、失敗はしません（ケアレスミスは別ですが）。新しいことにチャレンジしたから、失敗をする。失敗を怒られ続けると、失敗そのものを恐れ、新しいことにチャレンジする心をなくします。それではいつまでも成長できません。

13　現場の社員がどんなに失敗を重ねても会社は潰れない

私は内定者にこうも伝えます。

「皆さんが社会人になり、それこそ会社を潰してやろうと思って、わざわざ大きな失敗をしようとしても、所詮数十万円程度の失敗です。その程度の失敗を何回しようと、会社は潰れないので、安心して失敗をしてください」

社員の失敗で被る損失は、「教育研修費」です。失敗からしか学べない以上、こう考えるのは当然です。もちろん、同じ間違いを繰り返すことは、言語道断です。何故なら、失敗から学んでいないから。

14 「失敗」を公表できれば乗り越えた証拠

失敗賞にノミネートする条件は、表彰されるときに表彰台でその失敗の内容を公表されても大丈夫かどうか、です。当然、なぜその社員が表彰されるのか、その失敗から何を学んだのか、を知る権利が社員にはあります。「こういう失敗をして、○○ということを学んだから、あなたを表彰します」と私は表彰台で伝えます。それでも大丈夫だという社員だけがノミネートをする。

「失敗を他人にさらされるなんて、耐えられない！」という人は、まだその失敗から何かを学べず、乗り越えていない証拠です。失敗から学び乗り越えた人は、自身の失敗を「笑い飛ばすことができる」。自分で笑い飛ばし、仲間にも笑ってもらい、乗り越えて学びにする。これが本当の失敗賞の目的です。

平成29年度　大失敗賞　受賞

「8月の最初にランプ改善会議が開かれて、今まで溜め込んでいた想いを三嶋さんに伝えたのですが、翌日が面談同行日でとても気まずかったのと、三嶋さんが無理して絵文字を使ってチャットをしている感じから、言ってしまった罪悪感が日に日に大きくなったのを覚えています。

しかし不思議なもので、ちゃんと伝えると楽になるもので、今までこだわっていたものが気にならなくなったり、割り切って笑いのネタにできるようになりました。『想いは言葉にしないと伝わらない』と言いますが、身をもって学ぶ出来事でした。

ランプでの経験が今のくるみでの生活に生きていることは日々感じているので、ランプに異動して働けたことにも後悔はないです。三嶋さんのおかげで自分の気持ちに気づけました。ただ、あの頃は自分しか見えていなかったと思っています。

仮にも所長補佐であり、所長を一番理解し支えないといけない立場でありながら、あんな感じでしたし、新任所長なのでもっと自分が大人になるべきでした…。新卒職員や後輩職員への影響も考えず、自分ばっかりでした。後輩の仕事の悩みには気づいていたつもりで本質的なところには気づいてあげられなくて、周りを見ることができていなかったと反省しています。そして、会社イベントの後に三嶋さん含めランプメンバーで飲みに行ったのですが、そこで本音も言えて和解しましたが、飲みにケーションもたまには大事だと学びました…（私はほぼ懇親会でアルコールを飲まないので）。

くるみでは、人は完ぺきではないというのを常に心に落とし込んで、不足部分は皆で補おうと決めています。「チーム援助」なので…。職員同士がギスギスしていたらよい支援はできませんし。

くるみに戻って、周りを見ることを心掛けているのですが、今まで気づかなかった後輩職員の素直さや、自分を支えてくれる感じが、心にじーんと来て、人の優しさが身に沁みます。できる限り力を込めて後輩は育てていきたいですし、ランプのときは公私ともにいろんな人にお世話になったので、支えてくださった人がピンチのときは、次は自分が力になりたいと思っています。…吉永部長にはたとえ管轄が変わっても付いていきます!!

代表、きっと世の会社のほとんどは、会社のトップが役職のない社員に時間を取って向き合うということはなかなかないと思います。そんな中で私の声を聞き、向き合ってくださりありがとうございます。そんな社風だからこの先も働きたいと思えます。

入社してから度々ご迷惑をおかけしていますが、ちゃんと恩返しをしたいと思っています！」

（5年目　グループホーム勤務　橋本　阿沙美）

平成29年度　中失敗賞　受賞

「2016年の9月の終わり頃、私は棚橋さんの鞄持ちをしていました。13：00〜22：00の勤務が終わり家につきました。家に到着するとすぐにお酒を飲み部屋の片づけをしました。そのとき、マイバッグにあった経営計画書を机の近くのちり紙交換に出す新聞紙の中に入れてしまいました。いつもは勉強机の上のほうに置いておくのですが、その日に限ってなぜかわからないのですが新聞紙の中にいれてしまいました。次の日が金曜日のちり紙交換を出す日だったので朝に新聞紙ごとちり紙交換にだしてしまいました。どこで経営計画書がなくなったのかはのちに気づくことになります。

金曜日が終わり電車で実家に帰り次の週の火曜日にストックに戻りました。ストックでの朝礼で経営計画書がないことが発覚しました。最初はどこにやってしまったか全くわからなくなって自分の部屋の隅から隅まで経営計画書を探しましたが、見当たりませんでした。

1か月後に実家に戻り、実家も探しましたが見つかりませんでした。後からあの日の記憶を思い出しているときにちり紙交換にだしてしまったことが発覚しました。ものすごくショックでした。そのおかげで賞与が5万円減額になりました。当然と言えば当然ですが、ノイローゼになりそうでした。

なぜこんなことをしてしまったのかずっとそのことばかり考えていました。けれどこの失敗を自分のためになることにつなげようと思いました。自分の部屋を綺麗にしようと思い一生懸命ピカピカにしました。環境整備にも力をいれるようになりパッソーレとネリネの事務所が綺麗になるように頑張って掃除をしています。その執念がのりうつり環境整備点検でネリネとパッソーレが1位になっています」

（5年目　就労継続支援B型勤務　小川　逸夫）

平成29年度　小失敗賞　受賞

「これまでに奥様からいただいたプレゼントを紛失しております。

昨年…○○○○の小銭入れ（夫婦の平和のため、一部規制しています（笑））
…○○○の○○○（夫婦の平和のため、一部規制しています（笑））
…○○○○のボールペン（夫婦の平和のため、一部規制しています（笑））
…○○○の○○○（夫婦の平和のため、一部規制しています（笑））
まだ失くしたことを報告してません…
失敗賞でしれ～っと○○をはめて今まで通り愛のある結婚生活を送りたいと言う私の願いをかなえてください｡｡｡お願い致します｡｡｡｡」
（2年目　グループホーム勤務　○○　○○）
※もちろん表彰式では規制なしで発表しました

15　同期は経費で遊んできなさい！

バウムでは、入社1年以内の社員を集めて、3か月に一度「同期会」を開催しています。この同期会は、バウムの数あるイベントの中で、唯一「上司」のいないイベントです。純粋に同期だけで集まり、コミュニケーションを図る。このとき何をやるかは、すべてメンバーが決めます。

企画内容は何でもよい。今までは、食事会をしたり、人狼ゲームをしたり、体育館を借りてバドミントンをしたり、おそろいのキーホルダーを作製したりと、本当にいろいろやってきたようです。

もちろん、企画にかかる費用はすべて会社の経費です。

悩みは上司に相談するのが一番早いが、ストレス解消はやはり気兼ねなく遊べる同期がベストです。他の会社の友人でもよいが、本当の大変さを共有できない。特にバウムでは、内定の段階から、内定者のイベントが多いので、入社前には相当仲が良くなっています。しかし、入社後はなんだかんだで配属先が違えば会う機会が減る。そして、慣れない環境の中で必死に仕事を覚えるが、「自分だけが苦しい」と思ってしまいがちです。そこで、３か月に一度集まることによって、「あいつも大変なんだ」と理解し、「あの子も頑張っているのだから、自分も頑張ろう！」と思うことができる。

同期会の感想

①お疲れ様です。土曜日は同期会の時間をありがとうございました！　今回は私が幹事をやらせていただきました。企画とか幹事とかとても苦手なのですが、みんながわいわい楽しんでいる姿や楽しかったとコインを送ってくださるととても嬉しいきもちになりました！　このような楽しい時間が今日をがんばる糧になるので、みんなで集まれてよかったです。ほんとに楽しい時間はあっという間でした。

（2年目　グループホーム勤務　成瀬　明奈）

②お疲れ様です！　先日の同期会ではありがとうございました！　愛知牧場でみんなでアイスづくりをしたのですが、ほんとに美味しかったです!!　回を重ねるごとにだんだん人数が増えてきて毎回とても楽しいです！　自分のまわりにたくさんの同期がいることが、毎日の励みで支えに

なります！　私も他の同期のそんな存在になれるよう同期を大切にしていきたいです！
（2年目　グループホーム勤務　成瀬　明奈）

③お疲れ様です。先日は同期会の機会をありがとうございました。同期会を開催する度に、新しい職員の方とも交流することができ、毎回異なる楽しみがあります。今回の10人近くの20代男女が一生懸命アイスをつくっている光景はとてもシュールでしたが（笑）、恐らくアイスづくりは初めての体験でしたので、いい経験をすることができました！　これからもお互いに支え合い、切磋琢磨しながら頑張っていきたいと思いました。
（2年目　グループホーム勤務　安地　里紗）

16　叱ることにメリットはありますか

皆さんの会社で、社員が寝坊をしたとします。そして、バタバタと遅刻して出社してきました。叱りますか？

そうですね。普通の会社なら遅刻した社員を叱ります。なにせ職場の仲間にもお客様にもご迷惑をお掛けするのだから。

しかし、よく考えてみてください。あなたは今まで一度も寝坊をしたことがないのですか？　そんなことはないはずです。自分もできていないのに、他人を叱るのはおかしな話です。

「いやいや、そうは言っても、叱らないと示しがつかないではないか」と言われそうです。

確かにそうかもしれません。でも、少し冷静になってみてください。ただでさえ遅刻をして「申し訳ない」気持ちでいっぱいの社員は、叱られてさらに落ち込みます。叱ったあなたも、何も叱ることが楽しい訳ではない。少なからず叱ることであなた自身も嫌な気持ちになるはずです。そして、仲間が叱られている現場を目撃してしまった社員も、当然嫌な気持ちになります。

お客様や仲間に迷惑をかけたのだから、当然だと思う一方で、誰もが嫌な気分になり、そのまま業務を続けても、結局良いサービスが提供できるとは思えません。

17　遅刻しても笑顔の理由

少し話をまとめましょう。遅刻をしたときに、あなたが叱らなければいけない理由は、要するに「嫌な思いをさせて、二度と同じ過ちを繰り返さないようにする」ことです。しかし、そのために周囲まで巻き込み、職場の空気を悪くさせ、サービスの質を低下させたなら、本末転倒です。

そこで、バウムでは遅刻した場合、「努力文を提出する」というルールがあります。この努力文は、「時間を守れなかったこと」に対して提出をするものです。例えば、「遅刻」「タスクの期限を守れなかった」「書類の提出期限を守れなかった」等です。

この努力文、半期で32枚溜まると賞与が半額になります!!　さて、この努力文の最大の長所は、「叱らなくてよい」ということです。例えば、寝坊して遅刻した社員がいます。その社員に対し、私は

【図表 21　努力文のアップと掲示版のアップ】

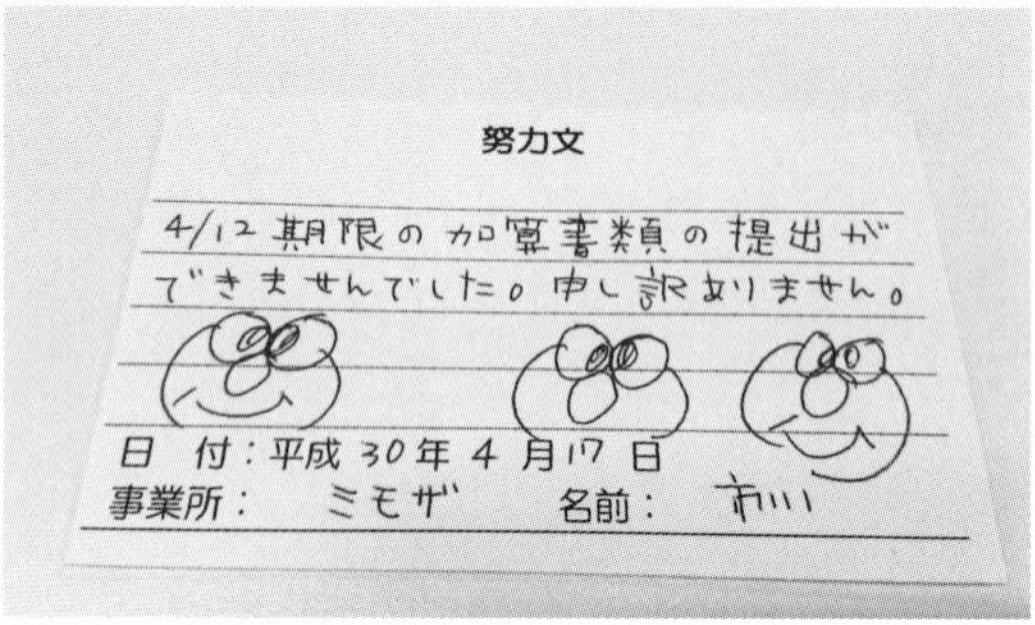

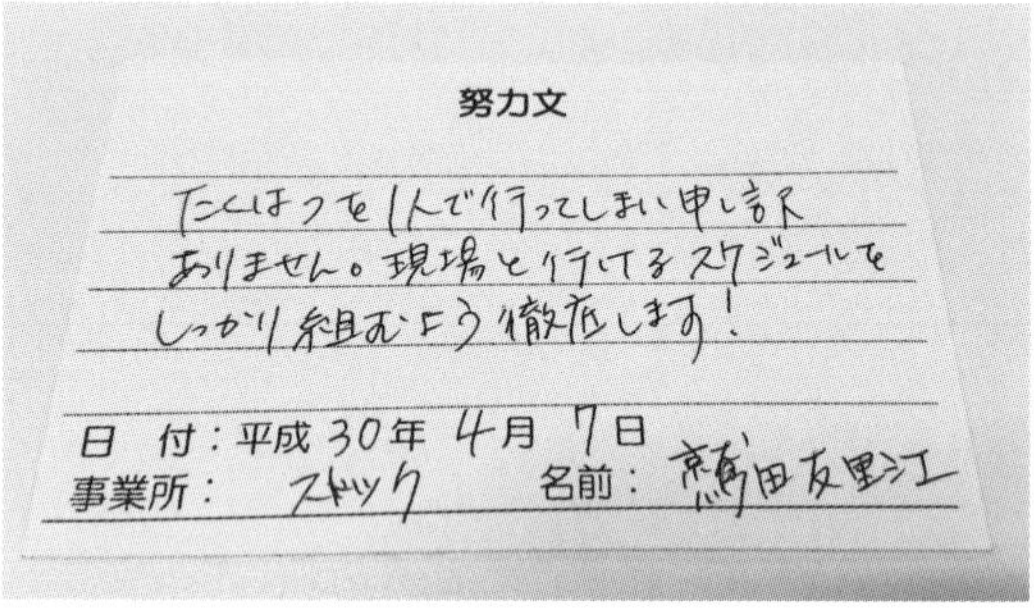

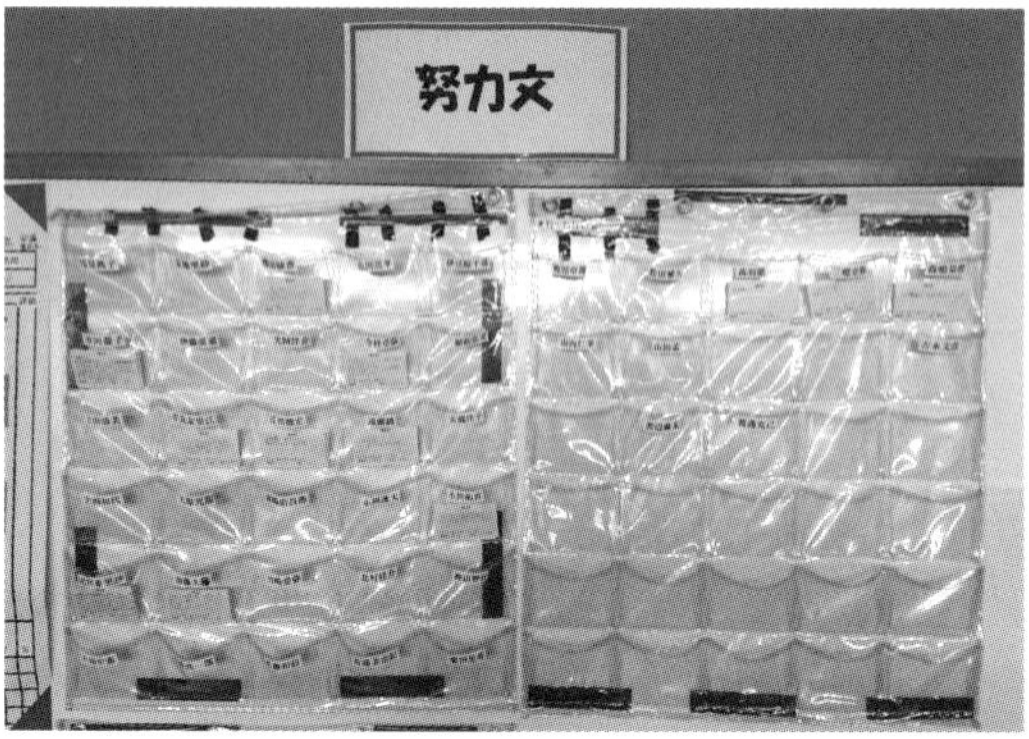

笑顔でこう言います。

「残念だったね。はい、努力文（笑）」

そして、

「あと○枚で賞与半額だよ！　気を付けて（笑）」

元々寝坊をして「申し訳ない」気持ちでいる社員は、こう言われてもこれ以上落ち込むことはありません。言っている私も、笑いながら話せるので、嫌な気持ちには全くなりません。そして、周囲にいる社員はというと…。大笑いです。これには少しからくりがあります。

賞与原資は毎回決まっています。誰かの賞与が減れば、その分その他の社員の賞与が相対的に増えることになる。つまり、港エリアの加藤部長の賞与が半分になれば、その他の社員の賞与は５０００円〜１万円アップする。どうですか？　拍手喝采ですよね。こうやって仲間が笑ってくれれば、当の本人も幾分か気が楽になる。でも、気を抜きすぎると32枚溜まって賞与が半額になるかもしれないから、もう遅刻はできない。最近では、「遅刻しました」ではなく、「努力文書きます」と報告に来ます（笑）。

18　会社で遊ぶなら家族も一緒に

バウムの社内イベントのほとんどは家族での参加が可能です。むしろどんどん連れてきてもらうことを奨励しています。なぜ社内イベントに家族で参加してもらうようにするのでしょうか。それは、社員の奥さんや旦那さんに「他の社員の人柄や社内の雰囲気を見てもらうこと」で安心をしてもらうためです。

長い社会人生活の中で1つの会社で働き続けていくためには、ご家族からの理解・応援を得ることが一番大切です。例えば、辛くなって弱気になってしまったときにバウムのことをよく知らない奥さんに相談すると、「そんな会社やめたほうがいいんじゃないの？」と声をかけるかもしれません。

しかし逆に、普段からバウムのことを知ってもらっていれば「こんな良い会社はなかなかないのだから」と背中を押してくれるかもしれません。後者のほうがもうちょっと頑張ろうと思えます。

バウムは社員同士のコミュニケーションを大切にしているので懇親会や社内イベントが多く、帰りが遅くなることもあります。そこで、実際に参加してもらい、社内イベントの意味を理解してもらうことも大切です。

特に子育てをしている奥さんから見ると、社内イベントで遊んでばかりいる「ダメな夫」に見えるときもあるでしょう。しかし社内イベントも仕事です。人材教育のための重要なイベントなんだということを理解してもらうためには参加してもらうのが一番手っ取り早い。結婚していない人であれば、結婚している社員が家族と楽しそうに過ごしている様子を見て、「家族って良いな」と思ってもらえます。

また、普段一緒に働いている社員が家族と接しているときは、立派な親の姿になっていたりもします。このように社内イベントは自分にない価値観を学ぶのにとてもいい環境でもあります。

19　社内結婚を推奨

バウムでは社内結婚が多い。なぜなら、社員同士がしっかりコミュニケーションを取っているから。つまり、お互いの良い所も悪い所も見せ合う機会が多い分、社内カップルの成立率が高いということです。

賛否両論ありますが、バウムは社内結婚推奨です。最大の理由は、喧嘩の種が1つ減るということです。先述した通り、バウムは社内イベントが多い。月２回程度の懇親会や土曜にもイベントを行っています（平日に代休を取得します）。そのため帰りが遅くなることや、週末に家を空けることもある。待っているほうとしては、本当に会社のイベントで出かけているのかあらぬ疑いをかけたくなるときもあります。

しかし、バウムのことをよく知っている社員同士であれば、そうした心配もしなくて済みます。

そういうときは、

「経営計画書見せなさい」

で済むから（社内イベントはすべて巻末の年間スケジュールに記載されている）です。それだけでも、安心材料（アリバイ）になる。

20　いつでも帰って来やすい雰囲気づくり

女性の社員の場合、出産や育児で長期間職場を離れることもあります。しかし長い間職場を離れていると、会社の方針もガラリと変わっていることでしょう。そうなると、たとえ復帰しても遅れを取り戻すのは並大抵のことではありません。そのような負担を軽くするためにも、定期的に社内イベントに参加してもらうことで、会社の情報や雰囲気を随時把握できるようにしています。つまり長期間職場を離れても帰って来やすい雰囲気をつくることができるのです。

平成30年度からは、社内イベント時に時間外保育や託児所等を利用する場合、料金はすべて会社負担とする、と決めました。さらに、企業主導型保育園と提携し、女性が職場復帰しやすい環境も整えた。「家族を大切にすること」は、全社挙げての大切な方針です。

BBQ・スポーツ大会・理解度テストの感想

①昨日は幹部BBQの開催ありがとうございました！　妻に今回のイベントのことを話すと『家族に優しい会社だね』と言っておりました。年に何度も家族が職員の皆さんと顔を合わせる機会がありますので、子供たちには社会人の予行演習になります。妻も共に働く仲間のように感じてくれているのかもしれません。私も日頃離れて働く幹部の方とコミュニケーションが取れる大

切な時間です。

（３年目　グループホーム所長　北村　桂介）

②スポーツ大会に参加させていただき、ありがとうございました!!　今回は初めて運営側のほうをさせていただきましたが、参加するときとは違った目線で見ることができてとても楽しかったです！　特にチェックポイントに居るときには所長が主のところもあれば、あえて現場が主になるところもあって、バウムのコミュニケーションを大事にしている部分をいつもとは違う目線で見ることができました！　内定者の方にも来ていただき、少しでもこの良さを伝えればと思います。何よりも家族同伴でのイベントで、子供を安心して連れてこれる環境をつくってくださったことに感謝しております。このような社員も家族も良い意味で気兼ねせず過ごせる環境を整えてくださり、ありがとうございました。

（５年目　北エリア部長　堀　怜志）

「先週のＢＢＱでは息子と沢山遊んでいただき、ありがとうございました!!!　あれから息子に「保育園行ったらＢＢＱ行く⁇」と何回も聞かれています（笑）。なかなか家族や先生以外の大人と触れ合う機会がないので、会社のイベントに参加させていただけるのは本当に良い経験だと思います。いつも感謝してます!!

（10年目　西エリア部長　森嶋　量俊）

③本日は部下の理解度テストを開催していただき有難うございました。１歳の娘を抱きかかえながら司会を任せていただき、とても贅沢な１日でした！　しかもお揃いの服を着ることができて幸せいっぱいな日です。若い職員さんが多いので、将来皆さんの学びになればと思っていますの

で、家族が参加できるイベントはこれからも連れていきたいです。また私の子供にとって、仕事に少しでも触れる良い機会です。大人になったときに社会人としてのマナーやコミュニケーションを学び、必ず役立つと思います。奥さんも久しぶりに子供から手が離れて休ませてあげることができ、家族としての役割も果たせました。また来週もイベントがありますので、会社を盛り上げられるように頑張りたいと思います。

（3年目　グループホーム所長　北村　桂介）

21 残業禁止！ 遊べ‼

バウムでは基本的に残業禁止です。残業＝悪と社員に教えています。一昔前までは残業するのが当たり前で、定時で帰る社員は「やる気がない社員」というイメージがありました。今はその逆で、残業して定時で上がれないことのほうが社会人として無能の証とされています。

しかし、社内の残業をなくすのは簡単なことではありません。

では、どのようにしたら残業をしなくても済むのか？

それは「人に仕事をつけない」ということです。具体的な取り組みとして、バウムでは個人の机がありません。引き出しもないため、自分の仕事や私物を机の中にしまっておけない。そのかわりバウムの社員は、仕事を会社の共有サーバーの中で管理しています。仕事をするときは、そのサーバーの中に入ってそこから取り出すことになります。

このようにバウムでは、どこにいても仕事ができるような状況をつくっています。

例えば、Ａさんが定時までに仕事終わらなかったとします。普通は与えられて仕事を終わらせなければ帰れない。つまり残業が必要になる。しかし、バウムでは「残業するくらいなら、仕事を途中で放り出してもよいから帰りなさい」と指示を出します。

では、放り出された仕事はどうなるのか？　簡単なことです。次に出勤する人が引き継げばよい。仕事は共有サーバーに入っているので、そこから引き出す。「その人にしかできない仕事」は基本的にない（担当制を採用していない）ので、これで十分です。もしその人にしかできない仕事がある場合は、そちらを優先的に処理すればよい。誰でもできる仕事は、後回しでも問題ないのです。

ただし、この話をすると決まって、サーバーにログインすればいつどこにいても仕事ができるので、家に帰ってこっそり仕事をしているのではないかと思われる。しかし、バウムではサーバーにログインできる時間も決められており、就業時間以外でログインすることも禁止されています。これらは専門の部署で管理されています。そこまで徹底して、初めて残業対策というのです。何の仕組みやルールもないまま、「残業するな」と言っても現場の社員が苦しむだけです。

有給・代休の感想

①代休の制度を取り入れてくださって、ありがとうございました！　おかげで、しっかりと休んで昨日は息子の初！　初ハーフバースデーを家族で祝いました!!　バーベキュー大会のときに病

院から呼び出され、そこで出産し早6か月!! 家族共々笑いが絶えずここまで来れたのは理事長が社員のためにと、休む仕組みづくりをしてくださったからです!! 休みなさいと言うだけでなく、ちゃんと管理してくれる。休まないことを注意される会社環境は本当に驚きとともに感謝してます。これからも、方針を守りながら成長していきたいと思います。本当にありがとうございます。

（5年目　北エリア部長　堀怜志）

②今週は、連続有給をとらせていただきました。本当にありがとうございます！ 有給は、母と東京にいる兄に会いに行ってきました。兄は1日、私たちの観光に付き合ってくれいろいろな話を聞いてくれました。また、母はとても楽しみにしていたとのことで、ずっと嬉しそうでずっと笑顔でした。家族を大事にし、小さい頃から私の尊敬する人であり続けてくれる兄。また、いろいろな苦労をしながらもあまり弱音や愚痴を言わず育ててくれた両親に感謝し、今後も家族を大事にしていこうと思った休暇でした。

（2年目　就労継続支援B型勤務　上山　清美）

③今日は有給休暇をいただきました！ おかげさまで母とひさしぶりにお買い物に行くことができました。実は、今月はもう1日、来月は2日程度、使わせていただく予定でいます。心苦しい気持ちはありますが、有給を使用してよいという会社の方針に甘えさせてもらうことにしました!! 方針として代表が周知し、仕組みをつくってくださったおかげでプライベートが充実させられます。あらためてありがたみを思い知りました、本当にありがとうございます♪

（4年目　就労継続支援B型勤務　尾宮　亜里沙）

④お盆休み、ありがとうございました！　今年のお盆休みは作業所勤務ということで、ずいぶんとまとめて、ゆっくりさせていただきました。楽しかったです♪
父と三重のお家へ行き、お墓まいりとお掃除をしてきました。空き家となってしまった父の実家、祖父と祖母ともに亡くなってから何年も、父は整備をし続けています。お盆には提灯、雛祭りにはお雛人形、子供の日には五月人形を飾るために行きます。お家が寂しくないようにと、草取りも一緒にしました。草取りをしている父の背中が少し小さくなったような気がしました。まだまだ生意気ですが、両親に守ってもらってばかりではいられないときが近づいているような気がしました。あらためて、これからも方針にそって、家族を大事にしようと思ったそんな休暇でした(*^^*)　明日からも気合を入れてがんばります!!

（4年目　就労継続支援B型勤務　尾宮　亜里沙）
⑤お疲れさまです！　懇親会の機会をくださりありがとうございます。さとしゃぶプレミアムを堪能しました♡　私はバウムのウリは何と言っても残業のないところだと思っています！　もちろん職場の雰囲気もそうですがっ！　定時で上がってプライベートを充実させることは仕事の効率にも繋がりますよね☆　友人の話を聞いていると残業、サービス残業、休日出勤当たり前。そんなブラック企業が溢れている中でここまでホワイティ―な会社で働けて本当に本当に私は運がいいなとしみじみ感じます！　誰かが残業してしまうと帰りたい人が帰りづらくなって悪循環だと思います。私は仕事が終わったらすぐに帰りたいので自分のためためにも、同じ考えの人のた

めにもホワイトな職場環境を守りたいです！　明日明後日お休みなので休みを楽しんでまた仕事頑張ります！　サービス♪　サービス♪（4年目　就労継続支援B型勤務　柴山　佳純）

⑥有給とボーナスをしっかりとつかわせていただき、新婚旅行に行くことができました！　本当にありがとうございます！　バウムの福利厚生に感謝しております。前職では3年半勤めましたが、恐ろしいことに1日も有給を使うことができませんでした。今のこの環境に感謝し、また特務の仕事の中でさらに意識や環境を整えていけるよう努めます！

（5年目　就労継続支援B型所長　鷲田　友里江）

仮に社員が毎月平均30時間残業をする会社があったとします。単純計算で30時間×時給1000円×1・25＝3万7500円が割増しで支払う人件費。これが1年間続くと、45万円です。残業を削減すれば、1人当たり45万円の人件費が浮き、それがそのまま賞与原資にできる。

ちなみに、バウムでは平成30年4月度の実績で、残業時間は1人平均30分です。定時5分前には、上司が部下に「そろそろ片づけをしてくださいね」と催促します。3分前にも、1分前にも催促します。普通は仕事を残して帰ろうとすると、叱られますが、バウムではその逆。定時を超えて帰ろうとしないと、叱られます。会社の文化として残業をしないことが定着すると、全員プライベートが充実する。すると、ある現象が起きます。プライベートが充実すればするほど、お金を使ってしまい、今度は金欠病になる。けれど、残業はできない。結局、仕事で結果を出し、評価を上げて賞与をたくさんもらうしかなくなる。だから、バウムの社員は仕事を毎日前向きに頑張るのです。

第5章　幹部社員を教育する

1　イエスマンこそが会社を救う

今から約8年前、私がまだ経営者になって3～4年しか経っていない頃、当時の幹部（今は退職）から、次のようなことを言われました。

「この会社には、今YESマンしか居ない。もし、理事長が間違った判断をしたときに、止める社員が居ないのは、組織として非常に怖いことだ。だからこそ、私は理事長が間違ったことをしていたら、はっきり言います」

さて、当時の私は経験も浅く、この言葉に頼もしささえ感じていました。しかし、そこからさらに時は経過し、昨年度開催された「下期政策勉強会」において、私は幹部社員に対し、全く逆のことを要求しました。すなわち、

「幹部の皆さんには、YESマンになっていただきます」

と。　次に、実際に政策勉強会にて話した内容を記します。

「あるとき私が、『A』という判断をしたとします。それを、幹部が間違いだと判断し、私に待ったを掛ける。私は、『幹部の君が言うのだから』、と判断を変更する。その結果、大きな損失が出てしまったらどうなるか。

『君が待ったを掛けたせいで、大きな損失が出てしまったではないか。どう責任を取るのだ』、と

きっと言うでしょう。そのときに幹部の皆さんは責任が取れますか？　取れませんね。

そもそも経営者は、皆さんから見ればあまり深く考えず、思いつきで即断・即決しているように見えるかもしれませんが、普段からその即断・即決をするために、皆さんが想像もできない程の知識や情報を取り入れています。

私が『A』という判断を下すために、相応の知識や情報を吸収しているのに反して、皆さんはその半分も吸収していません。そんな中途半端な状態で、私に待ったを掛けても意味がないのです。そこで始まる議論のほうが時間の無駄です。

であれば、幹部は私の判断を素直に、素早く実行する。そうすることで、仮に私の判断が間違っていた場合でも、「失敗」という結果がいち早く出る。その時点で方法を改めればよい。幹部の実施する速度が遅ければ遅いほど、「失敗」という結果が出るのも遅くなる。

そうなると、致命的な結果になりかねない。社会において、大切なのは変化についていく「スピード」です。

ぐだぐだ議論している暇があれば、即座に実行し、結果を検証する。重ねて言いますが、幹部に求められる能力は、スピードで私の出した方針を実施することです。

世の中ではＹＥＳマンと聞くと、あまり良いイメージはないかもしれません。しかし、大切なのは常に「結果」です。「過程」ではありません。

トップに待ったを掛けることが「風通しの良い職場」と言って、いつまでも低レベルな議論を交わし、変化の早い世の中の流れに置いていかれ、ビジネスチャンスを見逃し、お客さまに見放され、とうとう倒産…。

そんな結果にならないように、変化に強く、チャンスを敏感にとらえ、お客様から常に評価される会社であるために、世間がどう言おうが、幹部の皆さんはYESマンであるべきです。

もちろん、私はその重責を1人で担うべく、この会社でただ1人だけ公私の区別なく、誰よりも汗を流して働きます。無理を承知で、皆さんにお願いします」。

2 「正しさ」を決めるのは、お客様です

そもそもサービスを提供することにおいて、その「正しさ」を判断するのは誰でしょうか？　そう、お客様です。間違っても、我々ではありません。にも拘らず、多くの会社では新しいことを始めるとき、必ず「正しい」か「正しくない」かの議論をする。やってもいないこと、お客様の声を聴いたこともないことを議論すること自体が、そもそも間違いなのです。

正解は、「やってから、お客様の声を聴き、議論をする」です。体験のないことを知識だけで議論する暇があれば、まずは実行。それが「正しい」ことであれば、お客様からお褒めの言葉をいただき、「正しくない」ことであれば、お叱りを受ける。そのときに「では、どうすればよかったのか？」を議論する。我々の「良かれと思って」ほど危険な思い込みはないのです。

だから、私も「やる」と決めたことにいちいち幹部の意見を求めません。幹部に求めるのは、「やる」と決めたことを「実施する方法」だけです。

3　部下を変えたいなら、まず自分が変われ！

幹部社員をどのように教育しなければいけないかを書いてきました。しかし、こと「教育」という話を始めると、決まって出てくるワードが、お金が「ない」、時間が「ない」、やり方がわから「ない」です。

私もかつては幹部のレベルの低さに危機感を感じ、何とかしなければいけないともがきながら、やはり先述の３つの「ない」を嘆いていた経営者の1人でした。

しかし、そんなときに出会った方（今の私の経営の師匠）に言われたある言葉が、後の私の経営者人生を１８０度変えることになります。その言葉とは、「あなたたちは自分の子供には沢山の時間とお金を掛けますよね？　では、なぜ自分の会社の社員や部下には同じように時間とお金を掛けようとしないのですか？」「我が子と我が社の社員（部下）では違いますか？」「でも、あなたたちが我が子に沢山の時間とお金を掛けることができるのは、今あなたたちの社員（部下）が働いてくれているお陰ですよね？」という内容でした。

もちろん、私はまだ人の親になった経験はありませんが、この話はとても衝撃的でした。考えてみれば、私が経営者として好きなことをできるのは、現場で社員が頑張ってくれているお陰です。もし、社員が居なくなれば、経営者としての私の立場には何の意味もなくなります。

このことは、幹部にもいつも伝えています。部下が居なくなれば、幹部も幹部ではいられません。だからこそ、私は多いときで週に6日、少なくとも週に4日は社員と懇親会やイベント等で時間を共有します。それだけではありません。毎年経常利益の7割を教育費に充てています。この話をすると、多くの経営者は「自分には無理だ」とか「それはバウムさんだからできる」と言います。

4 社員教育に会社の規模は関係ない

しかし、私が人材教育を始めたとき、社員数は12名、売上7000万円で、事業所数は3つ。そして、経常利益が600万円程度にも関わらず、その年の教育研修費は実に400万円です。

そして、7年間地道に経営計画書を道具に教育をし続けた結果、年間定着率9割を実現しています。社員のほとんどは「この会社で働くことができてよかった」と言ってくれます。さらに毎年10名弱の新卒社員が入社し、定着してくれます。

断言しますが、社員に時間とお金をかけて、掛け過ぎということは一切ありません。かければかけるほど定着率は上がります。定着率が上がれば、自ずとサービスの質も向上します。当然です。社員全員が同じ価値観の下、経験を積んでいくのですから。社員が入れ代わり立ち代わりする会社より、実力が付くのは誰が見ても明らかです。経営者が、教育に時間とお金と手間を掛ける覚悟をしなければ、会社は変わりません。

5　経営者が陥る3つの「ない」を解決するには

では、経営者が陥る3つの「ない」はどのようクリアすればよいのでしょう?

まず、時間がないに関して。答えは「ＩＴ化」です。バックヤード（お客様に見えない部分）を徹底的にＩＴ化し、業務の効率化を図ります。

バウムでは、スケジュールや稟議、情報共有のための専用グループウェアを活用したり、スピードが要求される情報の横展開等にクラウド型のチャットシステムを取り入れています。さらに、これらの仕組みをいつでも、どこでも使いこなすために、全社員にiPhoneを支給しています。

当然、これらを使いこなすためのＩＴ研修も随時行っており、今では自分の携帯電話も持ったことがない70代の社員も、iPhoneで情報を発信しています。徹底したバックヤードの効率化のお陰で、従来より平均して1人当たり1時間／日以上の時短に成功しました。その時間を有効に使い、研修や勉強会等を行っています。

では、お金がないに関して。答えは、「無借金経営からの脱却」です。

多くの経営者だけではなく、社会人の皆さんも勘違いされています。個人の借金は悪ですが、会社の借金は進んで行うべきです。

経営において、「現金」があるのとないのとでは、選択肢・可能性が全く違ってきます。借金をしてでも現金さえあれば、教育にもインフラにも投資ができます。投資が成功すれば、その何倍もの利益が返ってくるので、借金を返すことはできます。実際、バウムは教育とインフラに投資をして、売上が5年で260％アップしました。

最後に、やり方がわからないに関して。これは簡単です。成功しているところから学べばいい。私も他社で成功している事例を真似て、ここまで来ました。

とても簡潔に書いた解決策ですが、とにもかくにも経営者が「実行する」と決定しなければ始まりません。まずは、「私には無理だ」ではなく「できることから始めよう」と意識を変えるところからです。

6　変化に強い社員を出世させる

幹部の条件は、何と言ってもメンタルの強さとコミュニケーション能力です。そして、厄介なことにこの2つは社会人になっても一朝一夕では身につかない。私の経験上、特に福祉はそういう人材が入ってこない業界です。新卒採用で5人に1人、中途採用では10人に1人くらいだと思います。

なぜ福祉業界には、幹部の素養を持った人が少ないのか。それは間違いなく、彼らは「優しく」「責任感が強い」からでしょう。

誤解を恐れずに言いますが、バウムの幹部（特に部長職）は基本的に優しくないし、責任感は強くありません。本当に優しければ、また本当に責任感が強ければ、自らの未熟さゆえに、部下を苦しませている現状をどうにかしようと、昼夜を問わず自己研さんに勤しんでいるはずです。しかし、実際は「そこまでできない」と理解しているから、多くの社員は幹部になりたがらない。なっても自分がプレッシャーに負けて潰れてしまうとわかるから。

しかし、中にはバウムの幹部のように優しくもなければ、責任感の強くない社員が時々現れます。実は、こういう社員こそが幹部に向いています。理由は簡単。自らの未熟さゆえに、部下を苦しませている現状をどうにかしようと、昼夜問わず自己研さんに「勤しまないから」です。

逆に責任感が強すぎると、自分を犠牲にしてでも、他人に尽くそうとします。人は、自分の器を超えて、他人のために動いてはいけません。「想い」だけでは、すぐに力尽き、心が折れてしまいます。責任感の強い人ほど、自分の器を知らない人が多い。

7　バウムの出世頭はスーパー能天気⁉

バウムの部長職に、加藤大稀という男がいます。彼は責任感があまり強くない（本人は強いと思っていますが）ので、自分を犠牲に（無理）してでも、部下のためには動きません。動かないから、代わりに動いてくれる社員を育てます。

また、彼は優しくない（本人は優しいと思っていますが）ので、部下の話にも涙を流すことはありませんし、一緒に悩みません。その分、いつも笑顔です。楽観的で、口癖は「何とかなると思います！」です。

そして、言葉とは不思議なもので、結局本当に何とかなってしまいます。

加藤部長の一番の武器は、この「能天気な頭の中」です。

自分の悩みにも他人の痛みにも鈍感な彼は、およそ「人生のどん底」を味わったことがありません。いえ、正確には他人から見たら「人生のどん底」でも、本人からしたら、大した悩みではないのです。

社会に出て今年で5年目。上司との関係にも、仕事に関しても、会社の価値観にも、一切悩みません。断っておきますが、だからと言って、彼のこの4年間が順風満帆だったかというと、決してそうではありませんでした。

最初に配属された事業所は、新任の所長が指揮する新規事業所。

新任所長は恋患いで毎日暗い顔、唯一の先輩にはマックのポテトを勝手に食べられ、着任早々下っ端の洗礼を受けます。

さらに、入所するご利用者様は、すぐに入院したり、居なくなったりと全く定着しない。挙句に彼が最初に対応した関係機関は警察署で、最初に出向いた場所が取調室です。そこから、まさかの深夜勤務開始。帰れない日々が1か月続きます。

ようやく所長の恋煩いも終わり、唯一の先輩も異動し、ご利用者様も定着し始めた頃、彼女と別れ、地元の友達も失います。

2年目に入り、出世したと思ったら、直後に部下の大クレームでご近所様から呼び出し。それからも、部下からは人格を否定され、散々な社会人生活です。

私は、何度も彼が辞表を出す姿を夢に見ました。心配で、そんな夢を見た翌日には必ず声をかけるのですが、相変わらずの笑顔。

最近では、異動の辞令を出したときの表情も決して忘れられません。新規事業所設立のため、5か月間三重県への出向命令。バウム始まって以来の無茶ぶりです。さすがに私も彼の反応が心配でした。ところが、まさかのガッツポーズ!!

曰く、「それで会社が大きくなり、僕たちの生活がより豊かになるのなら頑張ります」。

彼は、強い男です。この強さ（鈍感さ）こそが、幹部にとって必要です。まだまだ経験が少ない加藤部長ですが、器の大きさは既に大物です。

幹部は能力より、知識より、折れない心が重要。若い彼が、この先もっと経験を積み、普通の人であれば耐えられないような苦難も、いつもの笑顔で乗り越えたとき、バウムを背負うような立派な上司になっているはずです。

そして、彼の姿こそが、福祉の会社の幹部が目指す「あるべき姿」です。

8　幹部を育てるなら「鞄持ち」が一番

バウムでは、全社員を対象に「理事長の鞄持ち」という研修制度を取り入れています。現場の社員は1年に一度、管理職は3か月に一度、早朝の7時30分から私の仕事が終わるまで実施します。運が良ければ（？）18時頃には終わりますが大体は22時まで続きます。当然鞄持ちの日は、終わったらへとへとです。

しかし、私はそのスケジュールを「毎日」こなしています。このことを体験させるだけでも「鞄持ち」はとても有効な研修スタイルです。ここで、入社半年の生頼英里香が作成した鞄持ちの報告書を一部紹介します。

「一番驚いたのは理事長の『仕事量』でした。早朝7時30分に出勤し、夜は10時まで働かれており、食事の時間などの隙間時間まで有効活用しながら、とにかく1日中休むことなく働かれていました。

バウムの経営計画書には『理事長が先頭に立って、汗をかいて働きます。無理を承知で、皆さんに協力をおねがいいたします』とありますが、まさしくその通りだと思います。

今まで私が思っていた会社の社長のイメージ像は、例えばお昼過ぎに出勤し、エアコンの効いた部屋でパソコンを開き、夜になれば飲みに行く。このようなイメージを抱いていました。

しかし、バウムの理事長は誰よりも仕事に対して熱心に向き合い、誰よりも率先して仕事をこなされており、鞄持ちをすることで今までの会社のトップへのイメージが一新されました」
もともと私がこの研修を取り入れたのは、理由があります。今から8年前、まだ社員教育を全く実施していなかったとき、私は社員にとって決して良い経営者ではありませんでした（社員から見れば）。

気まぐれに現場にやってきては、説教を繰り返し、思い付きでどこかから仕入れてきた「にわか知識」をドヤ顔で披露し、本当に大変なときは現場に居てくれない。失敗をすれば怒鳴り散らし、結果を出しても褒めてくれない。

社員は毎朝「今日は理事長が現場に来ませんように」と祈っていたそうです。そして、夜になればどこの誰ともわからない人と会社のお金で飲み歩き、自分たちを安月給で働かせて、自分はその何倍もの役員報酬を貰っている、まさに「悪魔のような」経営者。

しかし、私は今も昔も働き方に変わりはありません。それどころか、当時のほうが今よりももっと働いていたかもしれません。もちろん、報酬も当時は現場の社員とほとんど変わらないくらいでした。

今は、それこそ当時の何倍もの報酬を貰っているのに、社員は誰も文句を言いません。

反対に、「あなたと私の給料を交換してあげるから、仕事も交換しよう」と夢のような話を持ち掛けても、「どれだけ給料が高くなっても、理事長のようには働けません。無理です」と言います。

9　経営者の仕事は秘密だらけ？

経営者の皆さんに鞄持ちをすすめると、「経営者の仕事を見せられない」と言います。例えば、会社の数字（売上や社員の給料）や、新規事業の商談等々。しかし、本当にそれらは見せられないのでしょうか？

少なくともバウムでは、そのほとんどをオープンにしています。各事業所の売上や、利益、社員の給料や賞与の額、新規事業の進捗など、現場社員に秘密にしていることはまずありません。

取引銀行様と新規事業の打ち合わせをしているとき、支店長が私と同席している社員（入社1年目）を見比べて言いました。

「どこまで数字を出してお話してもよいのでしょうか？」

私は「すべて大丈夫です」と答えました。多くの経営者は、秘密にしないと落ち着かないようですが、実は逆です。普通の人は「隠せば隠すほど知りたくなる」。逆に隠さなければ、興味がなくなるのです。

当時、まだ私が自分の報酬を隠していたときのことです。私が自分の机に、某電気店の会員証を置いておいたことがありました。それを見た社員の1人がこんなことを言い出した。

「うちの理事長は、ブラックカードを持っている。それほど高い給料なのだ」。

私にとってはギャグとしか思えない話でも、社員にとっては大真面目。そこで、私は「NPO法人の決算書は公開されているから、そこの役員報酬の所を見てみなさい。それが私の給料です」と言うようにしました。結局、それから5年以上経過しますが、確認した社員はいまだ居ません。人の興味なんてこんな程度です。悔しいので、今では全社員に報酬額を言いふらしています(笑)。

再度書きますが、「鞄持ち」の一番のメリットは会社の透明性の確保と風通しをよくすることができる、ということです。しかし、デメリットもあります。それは、経営者自身がとても「しんどい」ということです。想像してみてください。朝から晩までずっと後ろから自分の行動の一挙手一投足、すべてを観察されているのです。一瞬でも気が抜けません。それも毎日です。これは、相当疲れます。しかし、それ以上のメリットがあることを考えれば、充分実施する価値はあると思います。

鞄持ちの感想

①昨日は、鞄持ちをさせていただき、ありがとうございました。昨日の鞄持ちでは、とても嬉しく思うことがありました。それは、所長に任命されてから、恐らく多少は大変な事態に直面してきたであろう僕のことを、理事長が時には近くで、時には遠くから見守ってくださっていたということでした。

僕が精神的に耐えられなくなるのではないかと2回も心配してくださったとは、僕は全く思いもしていませんでした。そうした不安を抱かせるような状況であっても、もちろん理事長や部長の大きな助けがあったのですが、僕は所長を続けさせていただいてきました。理事長が僕を含めた多くの職員を見守り、また信頼を置いてくださるという、そんな会社は滅多になく、こんなにも有り難く嬉しいことは他にないと思います。

（3年目　就労継続支援B型所長　三嶋　克弥）

②今日鞄持ちをさせていただき、ありがとうございました！　代表の1日の仕事の流れや、あずきの業務を間近で見ることができ、とても貴重な機会となりました。また、相談に乗っていただき、ありがとうございました。今日相談させていただいたことは最近自分の中でモヤモヤしていたことだったので、代表の言葉でモヤモヤを晴らすことができました！

他にも色々と質問に答えてくださってありがとうございます。全部結局笑い話に繋がってしまいましたが…笑

今はただの変な人というイメージかもしれませんが、今後は中身も評価していただけるように公私共々頑張ります！

（2年目　営業サポート　生頼　英里香）

③今日は鞄持ちさせてくださりありがとうございます。様々な知識に触れ、現場に同行できたことは、明日の私を育てる糧になります！　鞄持ち後に残ったのは疲労感ではなく、勉強した自分を早く試したいという高揚感1点のみでした。そして何より、代表が今の職場環境にするまでの努力や想いに触れることができたのが一番の実りでした。この代表についていって間違いない、そう改めて確信した日です。恥ずかしながら道中でも少し聞いていただいたように私は、熱意と

やる気が溢れすぎた人間です。実現のためなら、どれだけでも努力します。今時の人からすれば、煙たいこと、この上ないでしょう…それでも代表の想いを聞いて、私は例え1人になっても気持ちを捨てない覚悟を決めてきました！　ただの現場職員の戯言ではありますが、この気持を忘れません！

（4年目　就労継続支援B型勤務　小島　宏憲）

④鞄持ちありがとうございました！　今日の私の目標は、初心に戻ることでした。今こんなこと質問したらいけないかな、ここでこういう行動をとるべきだな、というような自分の物差しで測った考えは捨て去り、純粋に1日そばにいさせていただくことに重きを置いていました。その結果、私はもっと会社を好きになることができました。GHの所長朝礼では、もうすっかり耳慣れない言葉が沢山出てきて、自分の勉強不足を痛感しました。銀行同行では、わくわくするようなお話を伺うことができて、何か貢献できるようにまた頑張ろうと思いました。

サシコミを含めそれ以外の時間では、代表の部下を見る思いやりを見て、勤めている会社のトップの人となりを拝見することができました。質問や相談も沢山できました。これからも勉強させてください。

（4年目　就労継続支援B型勤務　尾宮　亜里沙）

⑤お疲れ様です！　今日はカバン持ちの機会をくださりありがとうございました。これまでに何度も参加させていただいていますが、今日が一番鞄持ちらしかったと思っています。西区のイベントに対する代表の熱意が伝わってきました。1つの業務に真剣な姿をみて代表はきっといつでも、どんな業務も熱意に溢れているのだと思いました。鞄持ちの雰囲気は独特で、緊張感もあり、何

となく質問しづらく感じたりしていました。今日もこのタイミングで話してもいいのかな？　と思うこともあったのですが自分なり質問をすることができたこと、そして自分なりの考えに対する意見を聞くことができたので、今日1日充実させてくれたような気がします。代表の働きぶりを見ると同時にあずきの職員の仕事の早さ、気遣いも見ることができ、私も見習っていきたいと思っています。1日ありがとうございました。（4年目　就労継続支援B型勤務　柴山　佳純）

⑤本日はかばん持ち、ありがとうございました。改めて、会社のトップと何気ない話をすることができる代表と職員との距離は凄いことなんだよな、と思いました。またトップに気軽に話かけることができる現場職員がいる環境も、代表の凄さとバウムの持ち味なのかなと、本日の様子を見て思いました。日々忙しい中でも、コミュニケーションを取りに行ってくださりありがとうございます。これからもよろしくお願いします！（4年目　グループホーム所長　今村　卓弘）

10　「失敗は成功の母」は本当か

人生はすごろくのようなもの、とよく言われます。運を天に任せサイコロを振り、出た目の数だけ前へ進みます。止まった場所でイベントをこなし、ゴールを目指す。時には振出しに戻ったり、お金を取られたり、就職したり、結婚したり…。正に、人生そのものです。

しかし、実際の人生と1つだけ違うところがあります。それは、「それぞれが持っているサイコロの目は平等ではない」ということです。本当に優秀な人は、サイコロに「1」の目はありません。たいてい「5」か「6」です。だからどんどん前へ進んでいきます。途中少しくらい振出しに戻っても、まったく気にしません。なぜなら、あっという間に進んでしまうから。

しかし、我々のような中小企業の社員は、そうはいきません。持っているサイコロの目には基本的に「1」か「2」しかない。では、そんな「1」か「2」しか出ない我々が、優秀な人に対抗するにはどうすればよいのか？　答えは簡単。

「誰よりサイコロを数多く振る」です。

優秀な人が1日に一度サイコロを振って、6マス進むならば、我々は1日に7回サイコロを振って7マス進めばよい。

では、サイコロとは何か？　それは、「失敗」と「学習」です。

そもそも「優秀」な人とはどんな人か？　こう問われると、たいていの人は、「失敗しない人」とか、「頭の良い人」とか、「なんでもそつなくこなせる人」、「要領の良い人」等と答えると思います。しかし、本質は違います。どれほど優秀な人であろうと、やはり失敗はするものです。凡人との違いは、優秀な人は、失敗を正当化（言い訳）せず、常に自分の中に原因を求め、他者ではなく、自らを変えることで未来を変えることができる、ということです。

つまり、我々はその逆。失敗をするごとに、「あいつのせいで」「会社のせいで」「俺の上司が…」「うちの部下が…」と言い訳ばかりして、常に他者に原因を求め、周囲が変わってくれないから、今自分はこんなに辛いんだと、自分では何も動かない。だから、未来も変わらない。これでは、いつまでたっても差は開くばかりです。

11 「失敗」も質より量

本当に優秀な人とは、どんな些細な失敗からでも、常に学びを忘れない人です。要するに、優秀な人は失敗をすると、そこから5個も6個も学ぶ。しかし、我々凡人は、失敗から学べるのは1個か2個。であれば、沢山失敗して、学びの数を増やすしかない。

これは、経営者も幹部社員も同じです。幹部の教育は「いかに多くの失敗を経験させてあげられるか」。つまり、どれだけ多くの新しいことにチャレンジするチャンスを与えてあげられるかです。

では、沢山失敗させるにはどうすればよいか。それは、人よりも沢山汗を流させることです。社会人として割り当てられた時間は、1日8時間の週に5日間。これは幹部だろうが、新卒社員だろうが皆同じです。もちろん、割り当てられた時間以上に働かせたほうがよい、と言っているわけではありません。自己研さんの時間を有効活用する、ということを教えたほうがよい、と言っているのです。

例えば、家でくつろぎながらバラエティー番組を見る。ただ漫然と見るのではなく、司会の立ち居振る舞い、笑いのツボ、ゲストの聴き方等々、学ぶことは沢山あります。

若い幹部社員のデートの時間は、特に学びの場です。相手が如何に喜んでくれるか、常に考える。最高のサービス業体験です。しかも、恋人(お客様)は、遠慮なくクレームを言ってくださる。

・男ならば、女性に車道側を歩かせない＝お客様に同行するときには、車道側は社員が歩く。

・女性のトークをさえぎって、持論を展開しない＝お客様に対して、支援者の考えを押し付けない。

・相手を怒らせたら、(たとえ自分が悪くなくても)とにかく謝る＝お客様からクレームをいただいたら、まずは不快な思いをさせてしまったことを謝罪する。

・感謝の気持ちはすぐに言葉に表す＝お客様が居てくださるから、我々は仕事があるのだと自覚する。

もちろん、これ以外にも、寝る前や通勤途中の電車の中で、15分でよいから本を読む、など挙げればきりがありません。いずれにしても、仕事だけでなく、遊びも真剣に取り組み、何事にも人一倍汗を流す。

真剣に取り組めば、自ずと失敗をします。なぜなら新しいことにチャレンジしていくから。例えば、恋人のことを真剣に考えるから、去年の誕生日と今年の誕生日では、同じ所にデートをしようと思わないでしょう。よほど思い出の場所ではない限り、手抜きだと叱られてしまいます。本当に相手の喜ぶ顔を見たいから、雑誌やネットなどで必死になって探す。そして、初めての場所だから時には失敗する。

我々は、結局質を求められても結果を出せません。量をこなすしかない。であれば、仕事だけではなく、それ以外の時間からも学ぶ姿勢を忘れない、ということをしっかり教えてあげることも大切なのです。

失敗勉強会の感想

①いつもお疲れ様です!! 今日は業務で失敗をしてしまいました。ですが、反省はしていますが落ち込んでいません。失敗からしか成長できないという方針が体に染みついている証拠です!! こんな風にポジティブに考えられるようになって昔の私なら考えられません。ありがとうございます。これからも沢山の失敗をして、沢山の学びを得たいと思います。

（5年目　営業サポート所長　池田　綾香）

②本日は方針勉強会ありがとうございました！　今日の項目で『優秀な人』という項目がありましたが、途中この内容を聞いて自分自身を振り返り大切なことに気づかされました。代表が、優秀な人は新しいことにチャレンジする、そして失敗から学び、成長し、その結果が自分のやりたい仕事ができることに繋がると。私は新しいことにチャレンジできていただろうか、そもそもチャレンジするという気持ちで臨めていただろうか、反省点ばかりです。私も自分のやりたい仕事がありまます。なりたい像や、興味のある分野、バウムの中でやりたいこと、たくさんあります。既存の事業だけでなく私も新しいことにたくさん携わりたいです。そんな私の思いを少しでも聞いていただけるような、まずはそんな優秀な人になりたいと思います！

（5年目　就労継続支援B型所長　鷲田　友里江）

③本日は方針勉強会ありがとうございました！「経験」を選ばせていただきました。入社して半年、1日1日を振り返ると改めてたくさんの経験をすることができていると実感します。それはバウムの方針である「たくさん失敗すること」を先輩から、上司から教わり、自分自身恐れず挑戦させていただけたことに他なりません。今期から補佐になり、さらに沢山の経験をできることが楽しみです！　沢山の失敗をした分、誰よりも成長したいと思います。

（2年目　営業サポート　神田　智行）

12　バウムに派閥ができない理由

バウムには4人の「エリア部長」が居ます。各部長の下には3～5人の幹部と現場社員15～20名が働いている。しかし、派閥は全くありません。なぜなら、定期的に「異動」を行っているから。しかも頻繁に、です。入社半年で異動を経験した社員も多い。北エリアの堀部長は、入社20分で異動をした、記録保持者です（笑）。

方針勉強会では、「優秀な人ほど異動の対象とする」と教えています。普通は、同じ事業所で3年、5年と経験を蓄積させる。そうすることで、その事業所の仕事「だけ」はベテランになっていく。そして、新しいことにチャレンジすることなく、落ち着いてしまう。落ち着いた先にあるのは、油断と驕りです。

自分は先輩として頼られている、自分が居なければ現場は回らない。プライドばかりが大きくなって、学ぶ姿勢がどんどんなくなる。学ぶ姿勢がなくなれば、「自分のやり方」に固執する。結果的に、「自分のやり方に賛同する」後輩を集めてお山の大将を気取る。これが派閥の始まりです。

そうならないための方法が、異動なのです。異動をすれば、また新しいことを覚えなければいけない。どんなにベテランの社員でも、新しい事業所に配属になれば、誰でも新人。謙虚に、時には後輩からも学ばなければいけないときもある。

いつまでも謙虚で、学ぶ姿勢を忘れないから、どこまでも成長できる。バウムでは、知識や経験はあるが、特定の事業所でしか仕事ができない社員は必要ありません。様々なサービスが存在する中で、1つのサービスしか知らないということは、確実に判断が偏ります。あるゆる職場で、あらゆる状況に対処できるような、オールラウンダーな社員を育成するための仕組みが、異動です。だから「優秀な社員」程、異動の対象なのです。

13 異動で仕事を減らす

また、バウムの人事異動は一度に大勢が対象となります。理由は、「職場の空気を変えるため」です。

人員が変われば、今まで普通にできていたことができなくなります。当然です。新人が入れば、教える時間が増える。教える時間が増えれば、通常業務の時間が減る。すると、期限に間に合わなかったり、クレームが起きたりします。だから、現場職員にとって、異動は「嫌なもの」です。

しかし、これは逆です。通常業務の時間が減ると、減った時間でできるように「考えます」。無駄を徹底的に省き、業務効率を上げようと試行錯誤します。そうして、苦労しながらでも、新人に教えながら、何とか通常業務を回す方法を編み出すのです。

それが組織の成長に繋がる。今まで1時間掛かっていた仕事が、50分で終わるようになる。これは、立派な業務改善です。

新しい仕事の感想

①いつもお疲れ様です。私を総務へ送り出してくださりありがとうございます!!! 以前の私なら新しいことも覚えることは大変で、「はい！ わかりました！」と言いつつも不安で胸が一杯で、期待に応えられなかったら…とかうまくできるかな…とか、ネガティブ思考になってしまったと思います。でも1年半、代表の側で誰よりも近くで会社の方針や素早く変化に対応して行く会社の姿を目の当たりにしながら、新しいことを覚えて行く楽しさやワクワクが身に付いていました!!! 自分の成長を実感しました。苦手なことも多いですが、自分が新しい業務を覚えることは楽しいです!!! もっともっとステップアップして代表を驚かすことができるように頑張ります!! 沢山失敗して沢山学びます!!
『異動は優秀な社員が対象』といつも代表がおっしゃっているので、期待に応えることができる

【図表 22　組織図】

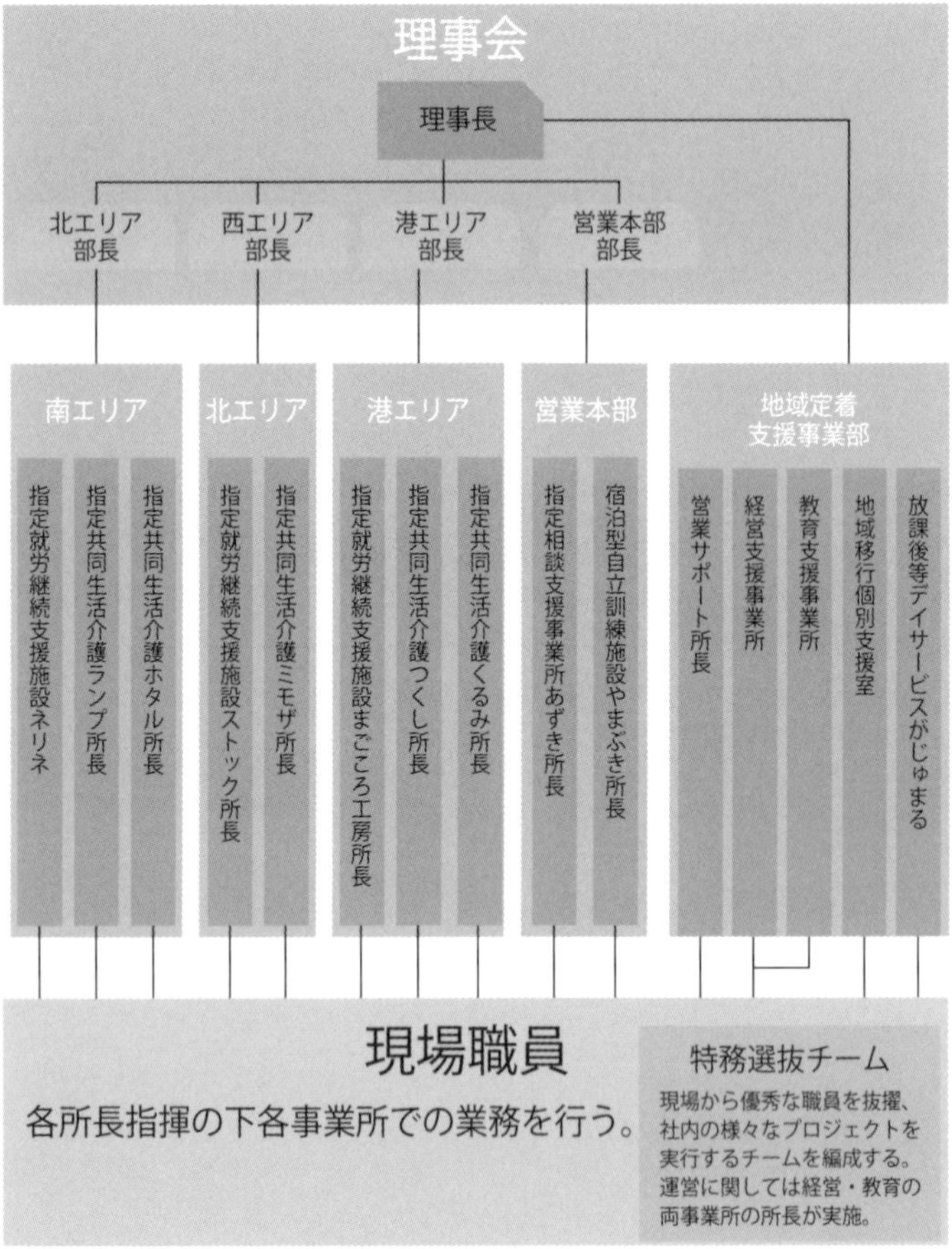
理事会
理事長
北エリア部長
西エリア部長
港エリア部長
営業本部部長
南エリア
指定就労継続支援施設ネリネ
指定共同生活介護ランプ所長
指定共同生活介護ホタル所長
北エリア
指定就労継続支援施設ストック所長
指定共同生活介護ミモザ所長
港エリア
指定就労継続支援施設まごころ工房所長
指定共同生活介護つくし所長
指定共同生活介護くるみ所長
営業本部
指定相談支援事業所あずき所長
宿泊型自立訓練施設やまぶき所長
地域定着支援事業部
営業サポート所長
経営支援事業所
教育支援事業所
地域移行個別支援室
放課後等デイサービスがじゅまる
現場職員
各所長指揮の下各事業所での業務を行う。
特務選抜チーム
現場から優秀な職員を抜擢、社内の様々なプロジェクトを実行するチームを編成する。運営に関しては経営・教育の両事業所の所長が実施。

ように頑張ります。

（5年目　営業サポート所長　池田　綾香）

14 長期有給休暇制度で部下を育てる

バウム幹部は、1年に一度10日間の「長期有給休暇」を必ず取得します。毎年必ずです。しかも有給休暇中、仕事をすることは絶対禁止。仕事をしたら反省文です。電話に出ることも、メールに返信することもダメ。

そんなに休んだら、職場が回らないのでは？　と思われるでしょう。しかし、長期有給休暇を取得するために、幹部にはもう1つのルールがあります。

それは、「自分が居なくても職場に支障が出ないように、部下を育てること」です。

当然、経営者である私自身も10日間休みます。バウムを立ち上げてからこの制度を導入するまでの5年位は、私は2日以上職場を空けたことはありません。それどころか、怖くて名古屋から出ることさえできませんでした。携帯電話も手放せなかった。

そこで、私は平成26年度の経営計画書に次のように書きました。

「理事長の代わりは誰にもできないのは事実です。しかし、理事長の一部を管理職に少しずつ担当させて受け持つことによって、1人では無理だが、力を合わせれば多くをカバーできる」。

また、平成27年度もこう続けます。

「社会の最小単位は『家族』です。我々は誰でも家族に育てられ、支えられ、助けられて成長していく。『今、ここ』に居ることができるのも、すべては家族のお陰です。日々感謝し、その恩に報いるために、『今、ここ』で何ができるのかを常に考えなければいけません。『いつか、いつかと思うなら、今』です。すべてのことに『ずっと』はない以上、大切なのは『今』です。

今年度、法人の規模は前年度に比べ約2倍になります。そこで、大きな組織改革を断行します。現場経営の一部権限を部長2名に委譲し、私は法人全体の経営に専念する。これは、当法人が始まって以来最大の組織改革であり、同時にターニングポイントです。組織の実力はNo．2の実力に比例する。彼らの成長が、すなわち法人の成長に繋がる。そこで、部長が今後仕事に専念することができるよう、1年後彼らの給与を現在の150％以上にすることを決定する」。

今では、私が1か月居なかったとしてもバウムは回ります。有給休暇中には電話は一切鳴りません。それだけ強い組織になったということです。

社員は役割を与えられることにより、成長します。普通は「成長したら、この仕事（役職）を任せよう」と考えますが、それは間違い。正解は、その仕事（役職）を任せることで、相応の成長ができるように指導する、です。

バウムでは徐々に「人に仕事を付けない」仕組みが徹底してきたおかげで、平成29年度から全社員が最低5日以上の有給休暇を取得することができました。平成30年度は、有給消化率75％を目標にしています。

第6章　新卒採用のすすめ

1　新卒採用はリスクが大きい

この業界では、新卒採用を行っていない会社が多いように見えます。なぜでしょうか？

理由の1つには、「リスク」の問題があります。一言でいえば、新卒採用は「お金がかかる」「手間が掛かる」「時間がかかる」。それだけのお金、手間、時間をかけても入社するのは1年後の上、そもそも何人採用できるかもわからない。あまりにも分の悪い賭けのように思えます。

また、現場の「人手不足」も新卒採用を躊躇う理由の1つです。常に慢性的な人手不足ということは、「教育」に掛ける時間がない。社員は目の前の仕事で手一杯です。未経験どころか、社会人経験すらない若者を育てる余裕は全くありません。必然的に現場が求める人材は、「経験者」「有資格者」です。

2　新卒採用最大のメリットは「素直さ」

では、そこまで大きなリスクを背負ってもバウムが新卒採用に力を入れるのは、なぜでしょうか？

私は単純計算で、新卒採用に毎年５００万円は投資しています。そして、毎年7～9名の学生が入社してくれます。新卒採用を始めて6年経ちますが、今では正社員90名の内20代の社員は6割を占めます。

新卒採用の最大のメリットは、彼らの「素直さ」にあります。確かに社会人経験がないということは、その分教育の手間が増えるということです。しかし、私の経験上例え中途入社の社員でも「名刺の渡し方」や「挨拶の仕方」、「電話の取り方」等の基本的なビジネスマナーを習得している人はほぼ居ません。中途でも新卒でも教えることは結局挨拶からです。

さらに、中途採用で失敗する例が、「価値観の共有が全くできない」パターン。繰り返しますが、人材教育とは、「経営者と価値観を共有する作業」です。

にも拘らず、自らの経験を優先し、「私のやり方はこうなんです」「こういう主義なので」を連発する。最悪なのは、「前の会社ではこうしていましたよ」です。

その「前の会社のやり方」が嫌で転職をしたはずなのに、都合のよいときだけ持ち出すのはルール違反です。

もちろん、中途採用の成功例はバウムでも沢山あります。特に幹部の内約半分は中途採用組です。しかし、彼らに共通しているのはほぼ全員「他業種から」の転職だということ。そして、総じて「素直さ」を忘れていないことです。

そういう意味で、新卒採用は始めからまっさらな経験値なので、比較する対象がありません。経験や知識は、働き始めてからいくらでも身につけることができます。しかし、凝り固まった価値観を一度白紙に戻すことは容易ではありません。リスクを背負ってでも新卒採用を行う価値は大いにあります。

3　新卒採用は先輩社員も素直にする

学生が「内定者」になり、内定者から「新卒」でいられるまでざっと1年半。この1年半は先輩社員にとって、とても大きな学びの時期になります。

まず第一に、「今の自分たちのレベル」を認識できる。新卒採用をしていると、今の会社のレベルに応じた能力の学生がやってきます。

「子は親を映す鏡、部下は上司を映す鏡、学生は会社を映す鏡」です。

バウムが初めて新卒採用を行ったとき、とても優秀な学生が沢山入社してくれました。今の幹部の半分はその当時の社員です。このときの採用活動は私1人で行いました。会社全体ではなく、私が1人で行ったので、このときだけは会社を映す鏡ではなく、「理事長を映す鏡」になった。

2年目からは、会社全体で新卒採用に取り組み始めたので、現状のバウムに合った社員が採用できた。内定者が来たとき、今年は優秀な社員が来たな、と感じたら、それはつまり社員がそれだけ成長したということです。

第二に、「法人の魅力を客観的に知る」ことができる。新卒は、働いていると気づかない、もしくは当たり前になって忘れている自社の強みや魅力を教えてくれます。当然ですが、学生はバウムに何かしらの魅力を感じて、入社を決めるのです。それは、ともすると我々が忘れていることの再発見に繋がることもあります。

ちなみに近年の学生がバウムに決めた理由としては、「教育体制が充実している」「職場の雰囲気が良さそうだった」「自分の得意分野を活かせそう」「女性が活躍している職場」「先輩職員が優しそう」「残業がない」等ですが、毎年若干変化しています。

このトレンドの変化は、もちろん世の中の流れや学生の意識を多分に反映しているようですが、実はそれだけではありません。例えば、学生がバウムに入社するかどうかを決める材料は、意外に多くはありません。Ｈｐ、会社説明会、会社見学会くらいです。そこでどういう情報を流すかは、バウムが考えています。

毎年「今現在のバウムの強み」を情報として発信します。それは、いつも同じではありません。新卒採用当初のバウムは、「発展と可能性の年」として、保守的な学生より、積極的で野心家の学生を採用した。だから、このとき入社した新卒のほとんどが今は幹部になっているのです。翌年は「土台固めの年」としたので、この年に入社した新卒の多くは幹部を補佐する立場に居ます。

つまり、バウムに足りない、またはこれからの会社の事業構想上必要な人材が来てくれるので、毎年の新卒の顔ぶれを見れば、今のバウムに足りない部分が自覚できる。

第三に、「理想と現実のギャップを自覚する」ことができる。ある年、事業所でこんなことがありました。

会社説明会のときに私は「バウムにはほとんど残業がありません」と常々学生に話しています。ところが実際、その学生が入社してみると、（新人ということもあり）なかなか仕事が終わらず、結果としてほとんど毎日のように15～30分程度残業していたのです。しかも、それをしばらくの間現場レベルで処理していて、上司の耳に届かなかった。これは一大事です。私は「残業がほとんどない」と入社前の学生にさんざん説明しているのに、現実がこうでは彼らからすると、詐欺にあったようなものです。

いくら仕組みやシステムが立派でも、それを運用するのは人です。仕組みやシステムを整備したことで満足し、運用する社員の教育を徹底しなかった私に責任があると、深く反省しました。それ以来バウムでは「徹底すること（残業をしない）」と「徹底する仕組み（来年度からバックヤードを徹底して効率化するためのＩＴ投資を１０００万円規模で行う）」をしっかり分けて組み立てることにしています。

このように、新卒の社員からは、内定者の段階からとても多くのことを学ぶことができます。自社の強みや自分たちのレベル、仕組みと現実のギャップ等、どれも自社に長年居続けて、客観性をなくした後では気づけないことばかり。

ですから、私は最終面接を皮切りに、内定者鞄持ちや各種社内イベント、入社後の鞄持ち、新入職員懇親会等、限られた時間の多くを新卒の社員に費やします。

特に新入職員懇親会は、理事長と新卒社員だけで行われる懇親会なので、現場の仕組みと現実のギャップをとてもリアルに教えてくれる。そこから得たヒントは沢山あります。

誕生会・内定式の感想

①おはようございます！　お誕日おめでとうございます。私が会社説明会を受けたとき、代表は34歳でした。社員数も35人くらいだったような？　そう考えると恐ろしいスピードで会社が大きくなっていますね。代表おそるべし…。毎年優秀な新卒が入社してきて、私も刺激を受けて毎日を送っています。私はバウムのお局になるのが目標なのですが、辞めたくないと思える会社に入社することができて嬉しいです！　昨日、大光様がランチの食材の納品に見えた際、あなたはすごく元気で感じがいいねと褒められました！　感じがいい風に見せるのが得意なので、新卒のフォローとか職場の雰囲気をよりよくするために働きかけて行きたいです。今年1年代表にとって素敵な1年になりますように！　（4年目　就労継続支援B型勤務　柴山　佳純）

②昨日は内定式お疲れさまでした！　あの時間でもうすぐ自分が先輩になるんだと実感できました。たくさんの内定者の方が内定式に参加していただいて、1年前の自分たちのようでとても懐かしかったです。内定者の方たちはとてもきらきらしていてフレッシュで新卒の私たちにはなんだか消えてしまったようなものをたくさん持っていました笑いつまでも素直できらきらしている人ってほんとに素敵です。今度は自分たちが先輩方から学んだことを教えていく立場になって、内定者の方たちからちゃんと追いかけてもらえるような先輩になれるよう頑張ります。

（2年目　グループホーム勤務　成瀬　明奈）

③方針勉強会ありがとうございました。『144なんにもしない』を選びました。同じことを繰り返し毎日やっているのではないかと思いました。また昨日は内定者アルバイトに来てくれ、新しいことにもかかわらずたくさんの仕事にチャレンジしている姿をみて、自分ももっと新たなことにチャレンジしていかなければいけないなと思いました。今日すぐ実施しなければ、結局いつまでも実施しないというお話を聞いて確かにそうだ！　と感じました。何か1つは新しいことにチャレンジできるようにしていきたいです！

（2年目　相談支援事業所長　渡辺　麻未）

④代表、本日も1日働かせていただきありがとうございます！　今日は内定者の方が初めてストックヘアルバイトに来ました。メモ帳を持って自分で気づいたことや職員が説明したことなどを熱心にメモを取っていました。その姿を見て、また次の新卒が入ってきて自分はまた1つ先輩になるんだと感じました。いつまでも下の気持ちでいてはいけないのだと考えさせられました。かっこいい先輩になれるように頑張ります！

（3年目　就労継続支援B型勤務　辻　菜摘）

4　新卒採用は業務のムダを省くチャンス

新卒採用を始め、いよいよ現場で働き始めると、対照的に先輩社員には疲れが見え始めます。なぜでしょう？　年のせいですか？　いいえ、違います。単純に「やることが増えるから」です。新卒採用は、入社前から様々なイベント・研修を行います。そのいずれも採用担当だけではなく、現場にも手伝って貰わなければいけないことばかり。

例えば、会社説明会。バウムでは、直近1年目の新入社員が職場の解説を行います。これを1年中毎月2回実施します。

さらに、内定式や内定者研修、現場研修、内定者懇親会等が毎月のように実施される。その度に時には幹部が、時には新入社員が入れ代わり立ち代わりサポートに回る。そして、ようやく入社を迎えると同時に配属先の先輩はインストラクターとして、付きっきりで3か月間新卒の面倒を見ます。

さらに、初任者研修（ビジネスマナーや、ＩＴツールの使用方法、給与体系等を学ぶ）や、新入社員懇親会等の企画・運営。

さらにさらに、新卒が入社する前後には既に翌年の採用活動も始まり…。

通常業務以外にこの量をこなすことは、皆さんが想像するよりはるかに大変なことです。以前までと同じスピードで仕事をこなしていたら、絶対に間に合いません。ですから、現場は抜本的に「仕事のやり方」を改善しなければいけなくなる。

当たり前ですが、いつもと同じ仕事を毎日やり続けていけば、本来ならば熟練していき、仕事に掛かる時間は短縮されるはずです。にもかかわらず、いつまでたっても現場の仕事の終了時間は短縮されません。不思議な現象です。

しかし、量が増えれば話は別です。1日8時間という決められた時間の中で、量が増える。ならば、今行っている仕事を「減らす」しかありません。

ここが重要です。仕事を「減らす」のです。増やすことは簡単で、誰にでもできますが、減らすことはなかなか決断できません。

しかし、決断しなければ、いつまでも仕事は増えていくばかりです。

「減らす」＝「整理」です。10ある仕事を8に減らして、ようやく2の仕事を増やすことができる。簡単な足し算・引き算です。仕事を強制的に増やすことによって、仕事を減らさざるを得ない状況を創る。これも「やらざるを得ない仕組み」です。

話を元に戻しましょう。先輩社員が疲れた顔をしてくるのは、仕事の量が多くなるからです。そして、その仕事を減らせないからです。仕事は増えます。これは当たり前です。いえ、正確には「仕事は変化」します。お客様のニーズが日々変化しているのだから、我々の仕事もそれに合わせて変化させるのです。

しかし、現場の判断だけでは仕事を「減らす」ことは難しいと思います。現場の社員や幹部は、仕事を増やすことはできても、減らす勇気はありません。

「この仕事はやめてよい」と言えるのは、経営者だけです。

新卒採用を始め、現場の負担を考慮して、何を捨てるべきかを考えるチャンスを、経営者は活かさなければいけないのです。

5　採用基準は明確にする

バウムの経営計画書の採用に関する方針の中に、「(1) 価値観を共有できる人を優先して採用する。」という項目があります。

これは文字通り、採用の基準として一番大切なのは、理事長と価値観が合うかどうかということです。

私は採用面接時に、いくつかそれを確かめるための質問をします。

ここで多くを書くことはできませんが、その中の1つに「自分の大切なものを5つ挙げてください」という質問があります。答えはもちろん決まっていませんが、その中に「家族」というワードが出てこなければ、不採用です。

私は、家族をないがしろにする人と仕事をしたくありません。

バウムでは、自分の誕生日を「家族への感謝の日」とするという方針があります。家族への感謝のメッセージを本人が書き、会社からご家族の元へ花をお届けしています。新入社員が初任給を貰ったときには、家族へプレゼントを渡す、という方針もあります。その際にかかる実家までの交通費は、会社で負担です。

家族がいてくれるから、今の自分がある。

それを理解できない人は福祉に向きません。ちなみに私の経験では、女性の学生ほど「5つの大切なもの」の中に、「お金」を入れてきます。男性は、「夢」や「友達」です。女性のほうが社会人としての心構えが早い。

6　新卒の教育も質より量のコミュニケーション

さらに、会社説明会では懇親会のことにも触れます。バウムは他社に比べて圧倒的に懇親会が多いと思います。新入社員が参加する懇親会だけでも、3か月ごとの「新入職員懇親会」や「同期会」、2か月ごとの「事業所懇親会」や、職場改善活動を行う各種チームの懇親会、直属の上司との定期的な食事会等があります。これらは原則「全員参加」です。少なくとも正社員は体調不良などの例外を除いて、参加率はほぼ100%です。それほどまでに懇親会を大切にします。

ここで質問です。サービス業において、お客様の一番のストレス要因は何でしょうか？　答えは2つ。「待たされること」と「サービス提供者によって、言っていることが違う」ということです。

何故お客様をお待たせしてしまうのか。それは、現場社員と上司の間で価値観の共有ができておらず、自分では判断できないので、上司に確認をするからです。

では、なぜサービス提供者によって、言っていることが違っていたりするのか。それは、現場社員それぞれで仕事に対する価値観が違うからです。例えば夕食時、ある家庭ではテレビを見ながら食卓を囲みます。

ところが、別の家庭では、食卓を囲むときにはテレビは禁止です。さて、そんなそれぞれの家庭で育った人が社会に出て、お客様と食卓を囲んだとき、どうなるでしょう。

ある社員のときにはテレビを見ながら、食事ができますが、他の社員のときにはテレビは見れません。これだけでも、お客様からのクレームになります。たかだか夕食のとり方1つでも、価値観が違えばクレームに繋がるのです。

では、価値観を揃えるために必要なこととは。それが、「コミュニケーション」です。

コミュニケーションは質よりも量です。半期に一度60分面談をするより、1日1回5分無駄話をしたほうが、コミュニケーションは深まります。しかし、まさかお客様の前で無駄話をするわけにもいきません。だからこその懇親会です。

ちなみに、昔から『生みの親より、育ての親』と言います。家族とは、血縁（質）よりも、どれだけの時間（量）を共有したかが重要なのだということです。

誰よりも時間と場所を多く共有するから、一番大切な存在なのです。赤の他人である社員同士はなおさらです。時間と場所を多く共有することにより、チーム援助の精神が培われ、価値観の共有もでき、結果として、お客様をお待たせしない、誰が担当になってもお客様を迷わせないサービスが提供できるようになるのです。

この懇親会は、業務時間外に行われますが、参加費はすべて経費です。懇親会の予算だけで、年間600万円です。それ以外の社内イベントを合わせると、年間3000万円もかけます。参加したくない人は不採用です。1人でも参加しない社員が出ると、なし崩し的に誰も参加しなくなります。

私は、よく社員から「よほど懇親会が好きなのですね」と言われますが、実際は逆です。私は飲み会が苦手です。自分から誘うことはまずありません。だから例外をつくれば、一番に私が参加しなくなってしまいます。それでは意味がないので、参加したくない人は採用しないことにしているのです。

7 優秀で価値観の合わない学生は採用しない

新卒採用をしていて、次の4つのタイプの学生が面接に来ました。

A「頭が良くて（優秀に見える）価値観を共有できる人」
B「頭が良くて（優秀に見える）価値観が共有できない人」
C「頭はそれなり（決して優秀には見えない）で価値観を共有できる人」
D「頭はそれなり（決して優秀には見えない）で価値観を共有できない人」

さて、皆さんは誰を不採用にしますか？

多くの経営者は、まず頭の良し悪し（ぱっと見の印象や学歴、資格等）で人材を判断します。

しかし、これは間違いです。採用の基準で最も重視すべきは、経営者の方針を守ることができるかどうか。価値観が共有できないのであれば、その時点で不採用です。

その中でも最悪なのは、タイプBです。なまじ頭が良いので、人材難の会社としては絶対に欲しい人材です。価値観が合わないことに関しては、後でどうにでも手なずけることができるだろうと軽く考え、採用します。

しかし、これは絶対に無理。よほどあなたが「カリスマ経営者」であれば別ですが、そうではない限り手なずけることは難しい。それどころか、せっかく採用した優秀な社員に辞められたくないあなたは、事あるごとに甘やかしてしまいます。

こうなると、頭の良い優秀な社員はどんどん図に乗っていく。「嫌ならいつでも辞めますよ」と、公然とあなたの方針に反対しだす。さらに、自分の立場を守るために、仲間を増やして反対派閥の完成です。

頭がそれなりで、価値観を共有できない人ももちろん採用すべきではありませんが、影響力は大したことがないので、積極的に採用すべき人材ではありませんが、頭が良い人よりはよほどマシです。

４つのタイプがいれば、まず採用すべきは「頭が良くて価値観を共有できる人」。その次に「頭はそれなりで価値観を共有できる人」です。逆に、絶対に採用してはいけないのが「頭が良くて価値観を共有できない人」です。

8　価値観が合わないのに働くのはお互いにとっての「不幸」

バウムには先述した通り、「改善提案制度」という仕組みがあります。さらに、半期に一度開催される「事業所内アセスメント」では半年間の事業所の目標を、月に一度の上司との面談では、日ごろの疑問に思っていること等を上司にぶつける機会もあります。

さらに、所属の事業所とは別に職場環境の改善のために「チーム活動」という取組みも行っています。その他にも従業員アンケートや各種研修等で、折に触れて働きやすい職場を創るための取り組みを行っています。

先日、ある事業所のアセスメント時、「職場環境の改善」というテーマで話し合いをしたところ、どれだけ時間を掛けても、良い目標が出てきませんでした。

社員曰く、「現状で満足できているので、これ以上は思いつかない」

経営者としてこれ程嬉しいことはありません。もちろん、すべての社員が現状の職場環境に満足している訳ではありません。だからこそ、バウムではあらゆる仕組みを取り入れて、職場環境の改善をし続けています。

しかし、中には改善提案もしない、上司に相談もしない、アセスメントで意見も言わない、チーム活動にも積極的に参加しない、という社員も残念ながら居ます。もちろん、ほんの少しです。しかし、確実に毎年何人かは存在します。そして、その何人かはいつも周囲に「不満」を漏らします。時には、一生懸命努力をしている仲間を平気で傷つけます。そういう社員にはどのように対応するのか。選択肢は２つです。

『ゆっくり辞めていただく』か、『すぐに辞めていただく』か。

それ以外に道はありません。冷たいですか？　彼らにもじっくり時間を掛け、しっかり教育をしていけば、他の社員同様真面目に誠実に仕事に取り組むことができるようになるはず、と思いますか？

だとしたら、あなたは大きく勘違いしています。彼らは決して「無能」なのではありません。不誠実でも不真面目でもなく、ただ会社の方針が「気に食わない」だけです。

つまり、根本的に価値観が合わないのです。合わないものは、どれほど時間を掛けても、合いません。であれば、方針に則って、頑張っている社員に時間を掛けたほうが、何倍も価値があることであり、また彼らにとっても、価値観の合わない会社で、不満をたらたら垂れ流して働くよりは、見切りをつけて次の会社を見つけたほうが精神衛生上よいのです。

それでも、優しい社員は言います。

「少しの時間でも一緒に働いた仲間なのだから、できれば辞めないでほしい、寂しい」と。これもまた、勘違いです。我々の目的は何ですか？　「お客様に満足していただけるサービスを提供し、社員とその家族の幸せを守ること」です。そのためには、全社員の価値観を合わせることが前提条件です。1人でも価値観の合わない社員が居ると、それだけでサービスの質は著しく低下します。社員のその寂しさは、サービスの質は上げたりしません。我々は、そうして辞めていく社員の門出を祝うくらいの心のゆとりは持つべきです。

様々な取り組みの甲斐もあって、バウムは年々定着率を上げています。もちろん社員の希望は、退職者ゼロです。しかし、私はむしろ退職者ゼロはあり得ないし、そうであってはいけないとさえ思っています。

お客様のニーズは、日々変わっていきます。世の中の流れも日々変化します。その変化に合わせ、バウムも物凄いスピードで変わり続けます。すると、当然そのスピードについてこれない人も出てきます。そして、去っていきます。

もし、退職者がゼロだったら、その年は、誰もがついてこれるようなスピードでしか変化できなかった、ということです。これは、由々しき事態です。世の中の流れに置いていかれている可能性があるということです。

つまり、トップである私の考えが時代遅れになっているという訳です。

私は責任者です。会社で起こるすべてのことは、私に責任があります。ポストが赤いのも、季節外れの雪が降るのも、バウムの中では私の責任です。すべての責任を自分が取るからこそ、価値観の合わない人とは一緒に仕事はできない。

9　家族とも価値観を共有する

新卒採用を始めるに当たり、気を付けておかなければいけないことがもう1つあります。それは、「ご家族の意思」です。

中途採用では考えもしなかったことですが、新卒では「親が反対したから」という理由で内定辞退ということも多々あります。特に親御さんの世代から見ると、福祉の業界は必ずしも良いイメージではありません。

そこで、バウムでは内定通知書を渡すときに、私が学生の自宅まで出向き、直接手渡しをします。そのときに、ご家族ともコミュニケーションを取り、会社の理念や方針・目指すべき未来像などを説明する。もちろん、日本全国どこにでも行きます。例外はありません。

毎年東北や九州までも出かけて、時間をいただく。

すると、経営者がわざわざ遠くから足を運ぶことに感動し、「息子（娘）をよろしくお願いします」と言ってくださる。

私も時間がないので、基本的にはすべてとんぼ返りです。

あるときは往復10時間かけて、お話は30分程度で終了。もちろん、交通費もバカになりません。

しかし、それほどの価値が新卒採用にはあります。

10　1年に一度家族とコミュニケーションを取る

毎年6月15日から7月15日までと、11月15日から12月15日までは、それぞれ「お中元」「お歳暮」の時期で、お客様へのごあいさつ回りを行います。毎年私も、部下と一緒に100件以上は回ります。特にお歳暮では、関係機関やお客様だけではなく、社員の実家にもご挨拶させていただきます。独身社員にはご両親に、既婚社員には奥様や旦那様にご挨拶をさせていただく。これは、「今年1年健康で成果を出すことができたのは、ご家族の理解と応援があったから」という感謝の気持ちを直接お伝えするためです。3年ほど前までは、私も全社員のご自宅に伺わせていただいたのですが、さすがに100人近くの社員は無理なので、今は直属の上司がお伺いさせていただいています。私も、直属の部下と入社1年以内の社員のご自宅（大体20件くらい）にお邪魔します。

11　一人暮らしの社員は仕事の話を家族に伝えない

特に実家を出て一人暮らしをしている男性社員は、帰省しないどころか仕事の話を全くしません。まあ、それくらいがちょうどよいのかもしれませんが、ご家族としてはやはり心配です。私がお邪魔した社員の自宅で、ご家族と話をしていると、お父様からこのように言われて驚いた経験があります。

「転職したのは知っていたけど、福祉の仕事だったんですね」

そして、経営者から実際の息子や娘の働きぶりを聞くと、時には涙を流して喜ばれるご家族もいらっしゃいます。

我々経営者は、社員の1人ひとりの人生をお預かりしています。今まで育ててくれたご家族がいるから、わが社に入社して働いてくれている。このことに感謝し、お預かりしている以上は安心していただけるように定期的にご報告する。こういう手間を惜しんでは、定着率はいつまでも上がりません。

歳暮・正月休暇の感想

①今日はお歳暮でわざわざお家まで来てくださり、ありがとうございます。両親は私が決めたことに対して心配はしていても口を出さず見守ってくれる人です。今まで好き勝手やり、心配かけていました。しかし、今回のお歳暮に来ていただき直接お話いただいたことで、両親からは、どんな雰囲気の職場で働いているのかを見れて安心したと、いいご縁がつながってよかったねと言ってもらえました。代表のお陰で親を安心させることができました。ありがとうございました！

そしてうちの母、とても生意気発言ですが『代表にならうちの娘を任せても大丈夫だね！』と言っております。親子ともども失礼で申し訳りません…。直接代表と話をし、会社のことや考えを聞いたことにより、代表の人柄の良さにとても安心していました。これからも精一杯頑張りますので宜しくお願い致します！」

（2年目　相談支援事業所長　渡辺　麻未）

②改めてお正月休みをくださり、ありがとうございました！　私は今日も代休なので、明日が仕事始めになります！　バウムに入って始めてこんなに休んだので毎日そわそわしていました。ここのところ、初任者研修があったりして土日もあまり家にいなかったので、久しぶりに長い時間家族と過ごしました。今日もついさっきまで父親と飲んでいました。正直家族に対してずっと苦手意識を持っていましたが、年末年始のお休みのおかげで大分正面から向き合うことができたかなと思います。仕事に対しての考え方や自分の将来について家族と話していて、自分のことを理解してくれている家族だからこそいろんな意見をくれて、とても有意義な話ができました。1週間近くしっかり休んだので、明日からはまた仕事に集中してがんばっていきたいと思います。

（2年目　営業サポート　生頼　英里香）

③お疲れ様です！　さきほどはお歳暮同行で来てくださりありがとうございました！　お父さんがぺらぺら喋りすぎてしまいすみませんでした。多分代表と経営者という目線でお話できたのが嬉しかったんだと思います。そしてあれでもなかなか心配性なので、直接代表からお話を聞けて安心していました！　お忙しい中ほんとにありがとうございました！　家族にもっと良い報告ができるようにがんばります！

（2年目　グループホーム勤務　成瀬　明奈）

④今日はお歳暮有難うございました！　わざわざ田舎までお越しいただき、すみません。私は職場ではとてもよく話すタイプなのですが、その反動か家ではなかなか自分のことを話ません。だからこそ祖母としては職場の私の様子を知ることができたようで、とても喜んでいました。正直家族の反対を押しきって転職した身であるため、今の仕事に対して理解はしてもらっていなかったのですが、今回初めて理解してもらえたのかなと思います。改めて、ありがとうございました。

（2年目　営業サポート　生頼　英里香）

⑤お疲れ様です。お歳暮有難うございました。遠路はるばるありがとうございます。父がちょっと古い人ですみません。固定概念がやっぱりあるみたいで。あと母にしてくれた質問は、つくしやまごころ工房、やまぶきと重ねて見たからですよね？　さすが代表だなあと思いました。両親も感心と感謝していました。改めて頑張ろうと思いました。これからもよろしくお願いします。帰路も長いかと思いますが、お気をつけて。今日はありがとうございました。

（2年目　グループホーム勤務　植松　弘文）

採用活動は、会社と求職者の「お見合い」のようだとよく言われます。面接を通して、お互いのことを知り、条件が合えば採用。夫婦も出会って結婚するまでは同じようなプロセスを踏んでいきます。しかし、違うのはこの後。夫婦の場合は、折に触れて実家に帰省し、お互いの家族に挨拶をする。こういうことをしっかりやっておくと、夫婦が困ったときには、家族が助けてくれる。ところが、会社は採用したらしっぱなし。これでは、家族はいざというときに助けてくれません。

あとがき

経営者から見て、理想の社員とはどんな人でしょうか？

私が直接指揮を取る部署に「営業サポート」という部署があります。この営業サポートは２つの役割があります。
①全事業所のサポート業務：主に事務仕事や電話の取次ぎなど、各事業所の社員がお客様へのサービス提供に専念することができるようにサポートを行う。
②理事長のサポート業務：理事長のスケジュール調整や書類整理等を行う。
しかし、実はこの２つの役割以外にもう１つ重要な役割を担っています。それは、
③営業サポート社員は、１年以内に幹部になる。そのために必要な知識・技術を身につけるということです。
バウムには様々なサービスがあります。その各種サービスの事務作業を引き受けることで、関係法令やサービス内容に精通することができる。さらに重要なことは、私の一番近くで仕事をすることにより、通常の社員の何倍も短期間で私と価値観を共有できる。そして、私から直接指導を受けることができるので、成長速度もとてつもなく早くなる。私は毎日分刻みのスケジュールで動いています。そして、銀行の支店長や関係機関の経営者等、普通に仕事をしていたら決して会えない役職の人と毎日会い、名刺交換をして、ハイレベルな会話を交わす。そういう場面を間近で見ること

ができる。これ以上緊張して疲れる仕事はないが、その分これ以上モチベーションが上がる仕事もありません。

この営業サポートを私は経営者が望む「理想の組織」にしようと決めていました。そのときに考えた理想の組織の条件は3つでした。

まず1つ目『絶対に愚痴を言わない』。

断っておきますが、営業サポートの社員が今の環境に全く不満がないのかというと決してそんな訳ではありません。でも、言いません。言っても何も変わらないことを方針勉強会でしっかり学んでいるからです。そして、愚痴を言う暇があれば、目の前の仕事に一生懸命取り組んだほうが結果的に自分のためになることをよく知っているからです。愚痴は時間の無駄。時間は貴重。小学生でもわかる論理ですが、実行するとなると意外と難しい。

2つ目は『仕事に優劣をつけない』。

人は誰しも得意な仕事と苦手な仕事、好きな仕事とできれば避けたい仕事が必ずあります。営業サポートの社員はどんな仕事でも、二つ返事ですぐに取りかかってくれます。私がお願いするのを躊躇うような難易度の高い仕事や、手間のかかるような仕事でも、いつも笑顔で気持ちよく引き受けてくれます。「そんなこと当たり前じゃないか」と思うかもしれませんが、世の社員の多くは、こういうときに眉間にしわが寄っていたり、はいと言う返事の前に「え?」とか、「あ~…」が前置きであったり、結構わかりやすいです。

3つ目は『失敗してもめげない』。

営業サポートの所長は入社5年目の池田綾香です。彼女は高卒で入社しているので、まだ20代前半です。池田がまだ営業サポートに配属される前、こんな出来事が起こりました。ある日、鞄持ちをしていた池田の姿が、一瞬見当たりません。その後も、他の社員よりワンテンポ遅れて合流をするということがありました。私はチャンスだと思い、みんなの前で池田に問いました。

「あなたの仕事は何ですか?」

「代表の鞄持ちです」

「では、なぜ私から離れたのですか?」

池田が私から離れた時間は、わずか5分程度。もちろん、彼女にも正当な理由はありました。しかし、私のスケジュールは1分1秒を争う程詰まっています。普通の人には「たかが5分」ですが、私にはとても貴重な5分です。妥協はしません。

池田は悔しくて涙を流します。私が居なくなった後、先輩社員は池田のフォローをします。そこで、多くの人は

「代表って酷いよね、たった5分なのにあそこまで言わなくていいよね」

と言うでしょう。ところがその先輩社員は違います。

「池田さんは代表から期待をされているんだね。がんばろうね。私も協力するからね」

と言ったのです。

こういう組織は本当に理想の形です。この話には後日談があります。営業サポートに配属になった入社2年目の生頼は、ある業務を行っていました。本来その業務は2～3時間程度で終わるはずですが、半日以上かかった。理由を聞いてみると、業務の途中で本来自分が行うべきではない仕事に首を突っ込み、結果として自分の業務が遅れた。

私は常々「仕事の優先順位を間違えるな」と言っています。自分に与えられた仕事が終わってもいないのに、他人の仕事を手伝う資格はありません。その結果が、営業サポート全体の仕事に後れを生じさせ、他のメンバーにもしわ寄せがいく。営業サポートのメンバーは、幹部候補生です。彼女たちが幹部になって、部下ができたとき、仕事の優先順位を間違えると、迷惑を被るのは部下たちです。今の内から営業サポートの社員にはこういうことを教えていく。このとき、営業サポートの所長になった池田は、私にこう言いました。

「私のミスです。申し訳ありません」

そして、生頼にはこう言いました。

「もっと的確な指示を出して上げられれば良かったね。私のせいでごめんね」

正しく教育をしていくと、こういう正しい連鎖が起きてきます。おそらく生頼も、幹部になって部下を持ったとき、池田と同じように振舞える上司になることでしょう。

教育とは、一朝一夕で達成できるものではありません。本書で度々出てきますが、

「会社とは赤の他人同士が集まり、経営者の価値観を共有することで、1人ではできなかったサー

ビスを提供し、お客様に選ばれることで、社員と家族の幸せを守る場所」です。

まずは、経営者であるあなた自身が、「社員と家族の幸せのため」に変わることを決定してください。トップが変われば組織は必ず変わります。なぜ自分が変わらなければならないのだ？ と思ってはいけません。なぜなら、あなたのやり方では「定着率が上がらなかったのだから」。厳しいようですが、経営者は（全責任を背負っている以上）結果が出なければ、存在する価値がありません。

「他人と過去は変えられない。変えられるのは未来と自分だけ」

お客様に今以上に質の高いサービスを提供するために、そして働いてくれる社員やその家族の幸せのために、「いつか、いつかと思うなら今」です。

私は過去、二度バウムを潰しそうになったことがあります。一度目は設立3年目。当時の私は決算書の読み方もわからず、毎月の資金繰りすら無関心。なんとなく通帳を眺めて、月初にお金があれば「まあ、大丈夫だろう」と考えている危険度マックスのダメ経営者でした。

そんなとき、ふとしたミスで入金が遅れ、社員の給料が支払えなくなったのです。仕方なく家族に相談したところ、妹が半年後に決まっていた結婚式の費用を切り崩して貸してくれました。兄として、経営者として、これほど情けないことはありません。このときに、私は現金の大切さ（利益があっても、現金がなければ会社は潰れる）と、数字に対する知識を増やし、センスを磨くことの大切さを学びました。そして、何より無借金経営の危険さを身をもって理解できました。

さらに、二度目はその1年後。現場に対してあまりに無関心だった私に対し、とうとう社員が反旗を翻したときです。まだ15名ほどしかいなかった社員の内、10名くらいの署名を当時の幹部が集め、「あなたは理事長としてふさわしくありませんので、辞めてください」と言ってきたのです。

結局、うやむやの内に1人また1人と彼らのほうが辞めていきました。

それ以来、すべての原因は自分自身にあると一念発起し、今に至ります。

こんなダメ経営者の私でも、変わることができました。

お客様に今以上に質の高いサービスを提供するために、そして働いてくれる社員やその家族の幸せのために、「いつか、いつかと思うなら今」です。


バウムでは、定期的に「現地見学会」を実施しています。本書で書いてきたノウハウが詰まった見学会です。詳しくは、当法人「営業サポート」までご連絡ください。

052-521-2334/info@baum16.com

笹谷　寛道

著者略歴

笹谷　寛道（ささたに　ひろみち）

愛知県出身。1981 年 6 月 16 日生まれ。

特定非営利活動法人バウムカウンセリングルーム理事長。

愛知大学文学部在学中に心理学に興味を持ち中退。その後夜間の専門学校でカウンセリングを学びつつ、不登校・引きこもりの支援を行う団体に参加。24 歳で独立し、不登校・引きこもり専門の自立支援寮を設立。

現在はＮＰＯ法人化し、厚生労働省から 11 事業所の指定を受け、経営を行っている。設立以来、毎年増収を重ねる一方、自法人の社内教育に力を入れ、福祉業界では異常とも言われる「人材定着率９割」を達成。また、法人内のＩＴ化にも積極的に取り組み 2017 年には経済産業省の「中部ＩＴ経営力大賞　奨励賞」、「攻めのＩＴ経営中小企業百選」を受賞。

社員が辞めない福祉法人の経営術

人手不足の悩みを解消する笹谷流社員活用術

2018年７月2日 初版発行　　2024年２月21日 第４刷発行

著　者　笹谷　寛道 ©Hiromichi Sasatani

発行人　森　　忠順

発行所　株式会社 セルバ出版
〒 113-0034
東京都文京区湯島 1 丁目 12 番 6 号 高関ビル 5 B
☎ 03（5812）1178　　FAX 03（5812）1188
https://seluba.co.jp/

発　売　株式会社 創英社／三省堂書店
〒 101-0051
東京都千代田区神田神保町 1 丁目 1 番地
☎ 03（3291）2295　　FAX 03（3292）7687

印刷・製本　株式会社 丸井工文社

●本書の内容に関する質問は FAX でお願いします。

Printed in JAPAN
ISBN978-4-86367-427-1